Schaf- *und* Ziegenkäse

Eine lange Tradition

Käseherstellung und Sortenvielfalt

Eine Alternative zu Fleisch

Was den Käse wertvoll macht

Schaf- und Ziegenkäse in der Küche

Käse und Wein

Einkauf, Lagerung, Verarbeitung, Haltbarkeit

Glossar der Käsesorten

Ziegen- und

Eine lange Tradition

Schon früh hielten sich die Menschen Schafe und Ziegen als Haustiere. Der feine Geschmack des Fleisches sowie die Nutzung der Milch einschließlich des daraus gewonnenen Käses bedeuteten eine wichtige Bereicherung für die Ernährung unserer Vorfahren.

Aber schon vor der Sesshaftwerdung wurden Schafe und Ziegen nicht nur wegen ihres Fleisches gejagt; man hatte bald erkannt, dass in Fallgruben erbeutete Muttertiere sich melken ließen und die Milch nicht nur den Jungtieren gut bekam. Es darf angenommen werden, dass Schafe und Ziegen schon vor 10.000 Jahren domestiziert wurden. Die ursprüngliche Nutzung der genügsamen Tiere sind beispielsweise auf der Kanareninsel Fuerteventura noch heute gut nachvollziehbar.

Bei der Ankunft in Puerto del Rosario, Hauptstadt und wichtigster Hafen, erfährt man, dass er früher Puerto de Cabras – Ziegenhafen – genannt wurde. Tatsächlich beherrschen Ziegenherden immer noch das Bild der Insel. Den genügsamen Tieren reicht die karge Vegetation als Futtergrundlage hinlänglich aus. In der Käsefabrik »Fábrica artesanal de quesos majoreros« im Dorf El Llano de la Higuera erklärt der Käser die Hintergründe der Ziegenzucht. Auf der Insel werden drei Arten der Ziegenhaltung betrieben: *Jairas* sind Haustiere; sie versorgen die Familie täglich mit frischer Milch. *Cabras de ganado* sind Herdenziegen, die halbnomadisch gehalten werden. Sie ziehen mit Hirten und Hunden umher. Aus ihrer Milch wird der berühmte *majorero* – Käse hergestellt. Frische Milch wird dazu mit etwas Ferment versetzt. Nach wenigen Stunden kann die quarkähnliche Masse von der Molke getrennt in Ringformen aus Palmenblättern gefüllt werden. Mit Meersalz eingerieben muss der Käse nun ruhen. Nach einem Tag kann der *queso artesanal*, weich auf der Zunge schmelzend, probiert werden. Kurze Zeit später wird er *fresco*, der Frische, genannt. Mit fortschreitendem Alter und Reifegrad werden unterschieden: Der *tierno*, der Weiche, der bis zu einem Monat immer noch weiß aussieht, sich aber nach drei Monaten zum *semicurado* entwickelt. Der *curado*, der Harte, zu erkennen an der schon gelblichen Rinde besitzt eine mittelharte Konsistenz. *Viejo*, der Alte, der bis zu drei Jahren mindestens aber sechs Monate auf Regalen in dunklen Kellern lagert, ist

Schafkäse

dann so hart, dass er gerieben werden kann.

Die dritte Gruppe Ziegen, die *cabras de costa* sind für Fuerteventura besonders typisch. In den landschaftlich nicht genutzten Gegenden, den *costas*, dürfen sie frei herumlaufen. Jährlich werden sie zusammengetrieben, gezeichnet und wieder frei gelassen. Nur einige gute Milchziegen und Jungtiere werden zurückbehalten. So ähnlich mögen es die Menschen der Frühzeit auch gemacht haben.

Weltweit gibt es die verschiedensten Käsesorten; jeder Hof hat seine eigenen Hausrezepte, die von Generation zu Generation weiter gegeben werden.

Bereits in der Antike hatte man eine genaue Vorstellung von der Milchgerinnung bis zur Käseherstellung. Bei Ausgrabungen in Griechenland wurden durchlöcherte Gefäße gefunden, in welche die geronnene Milch gefüllt wurde und so abtropfen konnte. Weitere Schritte folgten: Auspressen der Masse, Trocknen und Salzen der Oberfläche. Hierdurch wird dem Käse, wie Fisch oder Fleisch auch, eine gewisse Haltbarkeit gegeben.

Im Mittelalter befassten sich vorwiegend Klöster mit der Käseherstellung. Zu den Abgaben zählen nicht nur Brot und Wein sondern auch vornehmlich guter Käse. Später mit dem Anwachsen der Städte nahm Käse eine Spitzenstellung im Tauschhandel mit Naturalien ein.

Seit Ende des 19. Jahrhunderts entstehen mit fortschreitender Technik viele Käsereien. Die Herstellung von Schaf- und Ziegenkäse hat eine längere Tradition als die Produktion von Käse aus Kuhmilch. Im Laufe der Jahrhunderte konnten sich zahlreiche nationale und regionale Käsesorten entwickeln.

Übrigens weist auch das Wort Käse auf die lange europäische Tradition hin; es wurde vom lateinischen *caseus* abgeleitet. Im Englischen wurde daraus *cheese*, im Holländischen *Kaas*, im Spanischen *queso*. Die italienische Bezeichnung *formaggio* und die französische Bezeichnung *fromage* hingegen lassen sich auf das lateinische Wort *coagulum formatum* (geformtes Gerinnsel) zurückführen und im Sinne von Winston Churchill möchte man diese Vielfalt mit dem Bonmot bekräftigen: »Ein Land, das 200 Käsesorten aufzuweisen hat, kann nicht bei schlechter Gesundheit sein.«

Ziegen- und

Käseherstellung und Sortenvielfalt

Seit vor vielen Tausend Jahren die Gerinnung der Milch erkannt und genutzt wurde, um daraus ein haltbares nahrhaftes Produkt, den Käse, herzustellen, haben die Menschen mit Geschick, Erfahrung und Können eine große, vielgestaltige Palette von Käsen entwickelt.
Man unterscheidet
- **Sauermilchkäse** wie Sauermilchquark und Kochkäse
- **Frischkäse** wie Speisequark und Ricotta
- **Weichkäse** wie Banon und Chèvre
- **Halbfeste Schnittkäse** wie Cabrales, Picodon und Roquefort
- **Schnittkäse** wie Pyrenäenkäse und Ossau-Iraty
- **Hartkäse** wie Kefalotiri, Manchego und Pecorino

Für die Käseherstellung wird die Milch hier von Schafen und Ziegen ganz bestimmten Arbeitsgängen unterzogen. Wenn sie roh verwendet wird, spricht man von Rohmilchkäse. Im allgemeinen wird die Milch jedoch pasteurisiert, also kurz auf 70 bis 72 °C erhitzt, um eventuelle schädliche Bakterien abzutöten. Kenner behaupten, dass dadurch die natürliche Bakterienflora beeinträchtigt wird, was wiederum bei der Reifung des Käses von Nachteil sein könnte; der typische Geschmack wird beeinflusst.

Manche Käsereien nehmen aus diesem Grund eine schonendere Wärmebehandlung vor. Dabei wird die Milch für etwa 30 Minuten nur auf 46 °C erhitzt.

Schaf- und Ziegenmilch ist bei Einhaltung der vorgeschriebenen Hygiene im allgemeinen frei von gesundheitsschädigenden Mikroorganismen und

Schafkäse

wird aus diesem Grund selten pasteurisiert.
Die notwendigen Arbeitsgänge der Käseherstellung sind für alle Sorten gleich, mit Ausnahme des ungereiften Frischkäses. In der Vorbereitungsphase wird die Milch in Behälter gefüllt und je nach Käsesorte vorgereift, entrahmt oder durch Zugabe von Rahm aufgefettet. Damit die Milch gerinnt, muss sie gesäuert werden. Nur so lassen sich die festen Bestandteile der Milch wie Eiweiß und Fett von der flüssigen Molke trennen. Diese so genannte Dicklegung wird durch Zugabe von Milchsäurebakterien erreicht, die in Lab, einem Ferment aus dem Magen der Jungtiere enthalten sind. Pflanzlich gewinnt man sie aus dem Saft des Feigenbaumes, aus dem Labkraut oder aus verschiedenen Distelarten. Durch das Gerinnen des Kaseins, einem Eiweiß der Milch, entsteht der Käsebruch. Je nach Käsetyp liegt die Temperatur dabei zwischen 21° und 35° C. Niedrige Temperaturen bewirken einen weichen Bruch, geeignet für Weichkäse; höhere Temperaturen bewirken einen festeren Bruch für Schnitt- und Hartkäse. Der Käsebruch wird anschließend mit rotierenden Messern der so genannten Käseharfe geschnitten. Je kleiner die Bruchkörner werden, um so fester wird später der Käse. Nachdem die Molke abgelaufen ist, wird der Käseteig in zylindrische oder rechteckige perforierte Formen gefüllt. Die Bruchmasse wächst zusammen.
Durch Einreiben der Laibe mit Salz oder Eintauchen in ein Salzbad gewinnen sie an Aroma, die Rinde wird fester und das Innere erhält eine stabilere Konsistenz. Zugleich wird die Aktivität der Kulturen verlangsamt, so dass die Reifezeit besser kontrolliert werden kann. Auch das Salz bewirkt eine gewisse Konservierung. Frischkäse mit hohem Fettgehalt und körniger Struktur werden selten gesalzen.
Der Reifeprozess findet in Lagerräumen, Kellern mit bestimmter Temperatur und Luftfeuchtigkeit statt. Es ist ein komplizierter Vorgang, der sich bei der Reifung im Innern der Käse abspielt. Fermente und Mikroben verändern allmählich die chemische Zusammensetzung, komplexe organische Moleküle wie Eiweiß, Restzucker und Fett werden umgewandelt. Niedrigere Temperaturen lassen die Bakterien langsamer wachsen, wodurch eine gleichmäßigere Reife erreicht wird. Hohe Luftfeuchtigkeit verhindert ein Austrocknen der Oberfläche der Käselaibe. Während der Lagerzeit werden die Käse von Zeit zu Zeit gewendet, abgerieben und gebürstet. Die Kontrolle und Pflege während der Reifungszeit obliegt einem Käsepfleger in

Ziegen- und

eigenen Reifungskellern oder einem Affineur in spezialisierten Käsereifungsstätten. Diese Arbeit ist auf den jeweiligen Käsetyp abgestimmt. Bei Schnitt- und Hartkäsen verläuft die Reifung in der Regel durch den ganzen Körper von innen nach außen. Typisch für Weichkäse mit Oberflächenschimmel ist die Reifung von außen nach innen. Am Ende der Reifung hat jeder Käse seinen typischen Charakter in Aussehen, Konsistenz, Aroma und Geschmack erreicht. Natürliche Rinde oder Verpackung wie Paraffinüberzug, beschichtetes Papier, Kunststoffbecher und -dosen für Frisch- und Weichkäse sorgen für die Erhaltung der Qualität, bieten aber auch mehr oder weniger Schutz vor schädlichen Einflüssen sowie gegen Austrocknen.

Eine Alternative zu Fleisch

Schaf- und Ziegenkäse sind überaus gesunde Lebensmittel. Sie enthalten hochwertiges Eiweiß, leicht verdauliches Fett, wenig Kohlenhydrate, wichtige Mineralstoffe, Spurenelemente sowie Vitamine und Wasser.

Das Eiweiß besitzt auf Grund seines hohen Gehaltes an lebenswichtigen Aminosäuren eine hohe biologische Wertigkeit. Damit kann Käse eine interessante Alternative zu Fleisch bieten. Der Eiweißgehalt ist zwar geringer, doch der Anteil an essentiellen Aminosäuren ist größer – bei festem Käse sogar doppelt so hoch. Außerdem kann der Körper dieses Eiweiß sofort verwerten. Der tägliche Eiweißbedarf eines Erwachsenen lässt sich mit etwa 100 g Weichkäse zu 35 % und mit der gleichen Menge Hartkäse zu 45 % decken. Aminosäuren spielen unter anderem eine wichtige Rolle beim Aufbau und Erhalt des zentralen Nervensystems und sogar für eine gute Hirnfunktion.

Das Milchfett mit einem hohen Anteil an gesättigten und ungesättigten Fettsäuren enthält auch die lebensnotwendige, im Körper nicht produzierte Linolsäure, außerdem Fettbegleitstoffe, Phosphatide wie Lecithin und Cholesterin, die für den Fettstoffwechsel wichtig sind. Vorsicht, Cholesterin: bei einem Überangebot kann es zu Ablagerungen in den Arterien kommen, die Arteriosklerose oder Herzinfarkt zur Folge haben können. Daher wird empfohlen, täglich nicht mehr als 300 mg mit der Nahrung aufzunehmen. Zum Vergleich: In 100 g Käse sind jedoch etwa 70 mg , in 100 g Butter dagegen etwa 280 mg Cholesterin enthalten; bei Fleisch und Wurst liegen die Werte ebenfalls höher.

Fette erfüllen im Stoffwechselhaushalt des Körpers zwei

Schafkäse

wichtige Funktionen, zum einen liefern sie Energie, pro Gewichtseinheit etwa doppelt so viel wie Eiweiß oder Kohlenhydrate; zum anderen sind sie Lösungsmittel für die fettlöslichen Vitamine A, D, E und K, die mit Hilfe des Fetts leichter in den Blutkreislauf geleitet werden.

Wegen seines Fettgehaltes glaubt mancher, den Verzehr von Käse reduzieren zu müssen. Tatsache ist jedoch, dass der Fettgehalt nicht annähernd so hoch ist wie angegeben. Der prozentuale Fettgehalt von Käse bezieht sich auf die Trockenmasse, die wasserlose Käsemasse.

Je größer die Trockenmasse, desto geringer der Wassergehalt und um so härter der Käse.

So enthält:

Frischkäse mindestens 18 % Trockenmasse, **Weichkäse** mindestens 35 % Trockenmasse, **halbfester Schnittkäse** mindestens 44 % Trockenmasse, **Schnittkäse** mindestens 49 % Trockenmasse, **Hartkäse** mindestens 60 % Trockenmasse.

Weil aus dem Käse mit zunehmender Reife Wasser verdunstet, orientiert sich der angegebene Fettgehalt an der Trockenmasse (% Fett i.Tr.) Die deutsche Bezeichnung »Fett i.Tr.« wird in einigen Ländern wie folgt angegeben:

Ziegen- und

Länderbezeichnung für »Fett i. Tr.«

LAND	BEZEICHNUNG – ABKÜRZUNG
Australien	fat in dry matter – fdm
Belgien	Vetgehalte in de drogestof – V./D.S.
	matière grasse de la matière sèche – M.G./M.S.
CSSR	tuk v susine – tvs
Dänemark	Fedt i tørstof – F.it.
Frankreich	% de matière grasse – mat.gr oder m.g.
Italien	grasso sul secco – g.s.s.
Kanada	Fat on Dry Basis – F.D.B. oder
	matière grasse de lait en substance sèche – Gras sur sec / GSS
Neuseeland	fat in dry matter – FDM
Niederlande	vet in droge stof – V.D.S.
Norwegen	Fett i tørrstoffet – F/T
Österreich	Fettgehalt in der Trockenmasse – F.i.T.
Schweden	fetthalt i torrsubstans – fett i torrs.
Schweiz	Fett in der Trockenmasse – Fett i.Tr.
Spanien	Materia grasa sobre extracto seco – M.G.sobre E.S. oder M.G./E.S.
Rußland	soderzanie zira v suchom vescestve
USA	fat in dry matter – fdm
U.K.	Fat in Dry Matter – FDM

Manchmal steht aber auch nur das Zeichen »+« hinter der Zahl.

Zur Orientierung lässt sich der absolute Fettgehalt mit folgenden Multiplikatoren feststellen:

Frischkäse 0,3 x Fett i.Tr.
Weichkäse 0,5 x Fett i.Tr.
Schnittkäse 0,6 x Fett i.Tr.
Hartkäse 0,7 x Fett i.Tr.

Der absolute Fettgehalt fällt also viel niedriger aus als das auf der Verpackung angegebene Fett in der Trockenmasse.
Kohlenhydrate in Form von Lactose – Milchzucker laufen mit der Molke größtenteils ab. Ihr Anteil in gereiften Käsen ist also äußerst gering.
Neben anderen Mineralstoffen wie Phosphor, Kalium und Magnesium spielt Calcium im Käse eine besonders wichtige Rolle, trägt es doch zum Aufbau und Erhalt der Knochen und Zähne bei.

Schafkäse

Schon etwa 100 g Hartkäse enthalten den Tagesbedarf an Calcium.
Schließlich die Vitamine: Käse ist reich an fettlöslichen Vitaminen A, D und E sowie an Vitaminen der Gruppe B, vor allem B2. Unter anderen sind besonders die Vitamine A und dessen Vorstufe, das Karotin, in größeren Mengen vorhanden.

Ziegen- und Schafkäse in der Küche

Ob pur oder in leckeren Gerichten verarbeitet – es gibt wohl kaum ein Essen oder einen Anlass, zu dem Käse nicht passen würde. In vielen Ländern, besonders in Frankreich, wird ein gutes Menü mit einer Auswahl verschiedener Käse in Verbindung mit Nüssen und/oder Früchten vor oder anstelle des Desserts abgeschlossen. Dabei sollte der Käse eine Temperatur von etwa 18 °C besitzen.

Kenner beginnen mit einem Frischkäse wie Ricotta, gefolgt von einem milden Weichkäse wie Chèvre, kosten dann ein Stückchen Schnittkäse wie Picodon oder Valençay oder Hartkäse wie Manchego oder Pecorino. Den Abschluss bildet ein pikanter Blauschimmelkäse zum Beispiel Roquefort.

Die verschiedenen Käsesorten bilden aber auch eine wichtige Grundzutat für feine Gerichte –Salate, Suppen, Dips, Teigwaren, Pizzen, Aufläufe, exquisite Füllungen, Desserts und Backwaren.

Die Wahl des Käses hängt vom Rezept ab; schließlich muss das Aroma mit den anderen Zutaten harmonieren.

Zum Kochen sollte der Käse mindestens 45 % Fett i. Tr. enthalten und nach Möglichkeit langsam erhitzt und nicht übergart werden. Über eine bestimmte Temperatur hinaus gerinnt nämlich das Eiweiß im Käse und zieht Fäden. Um das zu vermeiden, kann man den geriebenen Käse mit etwas Mehl vermischen. Hartkäse verträgt im allgemeinen eine höhere Temperatur.

Raspeln oder reiben sollte man Hartkäse immer erst kurz vor dem Gebrauch. So besitzt er noch Frische und Aroma.

In der Mikrowelle schmilzt Käse schnell, er wird jedoch nicht braun. Zum Gratinieren muss der Grill zugeschaltet werden.

Ideal zum Überbacken ist ein reifer Käse, nicht zu jung und nicht zu alt. Tipp: Auf Toastscheiben aufgetragen kann man am besten testen, welcher Käse wie schmilzt. Grundsätzlich kann man sagen: Junger Käse reagiert spontaner auf Hitze als ein ausgereifter. Weichkäse

Ziegen- und

schmilzt schneller als Hartkäse, was am höheren Wassergehalt liegt.

Käse und Wein

– das muss nicht immer sein. Es kommt ganz auf die Gelegenheit an. Oft passt auch Bier oder sogar Milch dazu. Doch Wein und Käse können geschmacklich einander auf das Beste ergänzen. Ausschlaggebend sind sowohl die Säure als auch der Tanningehalt eines Weins. Den passenden Wein zum Käse zu finden ist fast eine Wissenschaft für sich – trotzdem gibt es ein paar Faustregeln:

- Wein und Käse, die aus der gleichen Region stammen, harmonieren im Allgemeinen gut mitander.
- Weißwein und Champagner passen zu vielen Käsesorten besser als Rotwein; das gilt besonders für frischen und salzigen Ziegenkäse, Weichkäse bis zu halbfesten Schnittkäsen. Auch Weißburgunder, Silvaner und Riesling sind geeignet.
- Süßer Weißwein, Portwein und Sherry munden zu einem aromatischen Blauschimmelkäse wie Roquefort.
- Trockene, frische Rosé, Weine begleiten ideal Frischkäse aber auch weniger aromatische Weichkäse.
- Leichte fruchtbetonte Rotweine passen gut zu einem Hartkäse wie Pecorino fresco.
- Ein alter Barolo oder aromatischer Rioja zum Beispiel sind eine gute Wahl zu einem durchgereiften Hartkäse wie Pecorino romano oder Manchego.

Einkauf, Lagerung, Verarbeitung, Haltbarkeit

Vorteilhaft für den späteren Genuss des Käses ist es, beim Einkauf einige Tipps zu beachten:

- Frisch- und Weichkäse sollten immer gut verpackt bzw. in Folie eingeschweißt sein.
- Bei Schnitt- und Hartkäse ist es von Vorteil, ihn am Stück zu kaufen und nicht schon in Scheiben schneiden zu lassen, so bleibt er länger frisch.
- Das angezeigte Verbrauchsdatum ist unbedingt zu beachten.
- Angebrochene Verpackungen halten sich bei richtiger Lagerung etwa eine Woche.
- Der ideale Lagerplatz für Käse ist ein kühler, luftiger dunkler Keller. Aber auch das Gemüsefach eines Kühlschranks, nicht zu kalt eingestellt,

Schafkäse

- eignet sich gut zum Aufbewahren.
- Frisch- und Weichkäse sollten immer im Kühlschrank lagern, da sie sonst leicht verderben könnten.
- Noch nicht vollständig durchgereifter Weichkäse kann an einem nicht zu warmen Ort, etwa 15 °C, in einigen Tagen nachreifen.
- Um ein Austrocknen des Käses zu vermeiden, sollte er einzeln in perforierte Alufolie, Wachspapier oder in Plastikbeutel verpackt werden. Eine Plastikdose oder Käseglocke eignet sich ebenfalls. Dabei ist zu beachten, dass milde Käse von solchen mit ausgeprägtem Aroma stets getrennt gelagert werden, damit sich der Geschmack nicht übertragen kann.
- Schnitt- und Hartkäse lassen sich für längere Zeit gut lagern; hier lohnt es sich, gleich größere Stücke einzukaufen.
- Soll er für längere Zeit gelagert werden, legt man einige Zuckerstücke dazu, um die eventuell entstehende Feuchtigkeit zu binden.
- Die Käseglocke kann mit Zündhölzern leicht angehoben werden, damit die Luft zirkulieren kann. Käse muss atmen können und wenn notwendig, auch noch weiterreifen.
- Käse lebt, daher bietet Tiefgefrieren keine gute Lagerungsmöglichkeit. Weichkäse würde an Geschmack verlieren und Hartkäse wird krümelig.
- Sollten sich einmal Fetttröpfchen an der Oberfläche gebildet haben, können sie einfach abgewischt werden.
- Eine eingetrocknete Käsefläche lässt sich nach dem Abschneiden gut zum Reiben verwenden.
- Hartkäse zum Kochen wird etwas weicher, wenn er vorher in ein mit Wein getränktes Tuch gehüllt wird.
- Um seine Haltbarkeit zu gewährleisten, sollte Käse mit der Schnittfläche niemals auf das Käsebrett, auf einen anderen Käse oder auf die Waage gelegt werden.
- Auf dem Käsebrett sollte man keine Wurst schneiden, den Käse immer an der Rinde festhalten und nicht die Schnittflächen berühren.
- Das Käsemesser sollte man nie für andere Zwecke benutzen. Haben sich dennoch einmal Schimmelstellen gebildet, müssen sie sehr großzügig abgeschnitten werden, das gilt natürlich nicht für den Edelschimmel spezieller Käsesorten wie Camembert.
- Zum Verzehr sollte Käse etwa eine Stunde vorher aus dem Kühlschrank genommen werden, so kann er sein volles Aroma entfalten.

Glossar der

Altenburger
THÜRINGEN
Weichkäse aus Ziegenmilch mit oder ohne würzende Zutaten
Geschmack: mild bis pikant

Alverca
PORTUGAL – RIBATEJO
Schnittkäse aus Schaf-, Ziegen- und Kuhmilch
40 bis 50 % Fett i.Tr.
Geschmack: aromatisch

Aragón
SPANIEN
auch Tronchón genannt
Schnitt-, Hartkäse aus Schafmilch oder einer Mischung mit Ziegenmilch, Kegelform. Der runde Laib hat oben eine Mulde, bedingt durch die Käseform
50 % Fett i.Tr.
Geschmack: charakteristisch aber mild

Ascot
KORSIKA
halbfester Schnittkäse aus Schaf-, Ziegenmilch oder aus Mischungen
50 % Fett i.Tr.
Geschmack: kräftiges Aroma

Banon
FRANKREICH – PROVENCE
Weichkäse oder halbfester Schnittkäse, in Kastanienblätter eingeschlagen, aus Ziegenmilch oder Mischungen mit Schaf- oder Kuhmilch
40 bis 60 % Fett i.Tr.
Geschmack: mild

Beenleigh Blue
ENGLAND – DEVONSHIRE
Weicher Blauschimmelkäse aus Schafmilch, 47 % Fett i.Tr. In Aroma und Teigbeschaffenheit ähnlich dem Roquefort

Bjalo salamureno sirene
BULGARIEN
Lake – Käse nach Feta-Art aus Schafmilch
50 % Fett i.Tr.
Geschmack: pikant, salzig

Brin d'amour
KORSIKA
auch *Fleur du maquis* genannt
Weichkäse bis halbfester Käse mit Kräuterauflage aus Schaf-, Ziegenmilch oder einer Mischung
45 % Fett i.Tr.
Geschmack: mild bis kräftig-würzig

Bourdin – Chèvre frais
FRANKREICH – GIVORS
Frischkäse aus Ziegenmilch, auch mit Pfeffer oder Kräutern, 45 % Fett i.Tr.
Geschmack: mild - aromatisch

Käsesorten

Brousse provence auf Korsika Broccio oder Brocciu Frischkäse aus Schafmilch
45 % Fett i.Tr.
Geschmack: pikant, salzig

Bryndza
UNGARN
auch Brinza aus Rumänien
Weichkäse aus Ziegen- oder Schafkäse, oft Ausgangsprodukt für Liptauer
max. 45 % Fett i.Tr.
Geschmack: mild

Burgos
SPANIEN – KASTILIEN
Labfrischkäse aus Schafmilch, gesalzen, gewölbter Laib von 1 bis 2 kg Gewicht, kann anfangs noch etwas Molke abgeben, ein Zeichen für Frische. Er ist nur wenige Tage haltbar. Neben Manchego der bekannteste Käse in Spanien
meist mehr als 50 % Fett i.Tr.
Geschmack: leicht salzig mit charakteristischem Aroma

Bulgarischer Schafkäse
BULGARIEN
in Salzlake gereift
mindestens 48 % Fett i.Tr.
Geschmack: mild, aromatisch

Cabécou de Rocamadour
FRANKREICH
Weichkäse aus Ziegen-, oder Schafmilch, mit zarter goldgelber Rinde, manchmal mit leichtem Schimmel
mind. 40 % Fett i.Tr.
Geschmack: mild, aromatisch

Cabrales
NORDSPANIEN – KANTABRIEN, PICOS DE EUROPA
halbfester Blauschimmelkäse mit Naturrinde aus Ziegen-, Schaf- oder Kuhmilch, oft noch in Platanenblätter gehüllt, zylindrische Laibe
etwa 45 % Fett i.Tr.
Geschmack: kräftig, ähnlich wie Picón aus dem Kantabrischen Gebirge

Caciotta
ITALIEN
weiche bis feste Arten je nach Region, aus Schaf-, Ziegen-, Kuhmilch oder gemischt
etwa 44 % Fett i.Tr.
Geschmack: mild, leicht süßlich

Chabichou du Poitou
MITTELFRANKREICH
auch als Cabrichou oder Chabi bezeichnet
weicher bis fester Ziegenkäse mit Naturrinde
45 % Fett i.Tr.
Geschmack: mild bis kräftig je nach Reifegrad

Chèvre
FRANKREICH
Weichkäse aus Ziegenmilch mit Weißschimmelrinde, meistens in Rollenform mit einem Durchmesser von etwa 5 cm, 45 % Fett i.Tr.
Geschmack: mild und angenehm salzig

Glossar der

Fromage de Chèvre steht für viele Ziegenkäsearten, z. B. Le petit, St. Caprin, jedoch die allgemeine Kurzbezeichnung ist Chèvre.

Corsica
KORSIKA

halbfester Schnittkäse, Rinde bedeckt mit Weißschimmel, die mit fortschreitender Reifung eine rötlichbraune Färbung annimmt.
Nach alter korsischer Tradition aus Schafmilch hergestellt. 50 % Fett i.Tr., *Geschmack:* zunächst mild, mit zunehmender Reife kräftig und voll.

Crottin de Chavignol
MITTELFRANKREICH

Weichkäse aus Ziegenmilch ursprünglich aus dem Département Cher in Form von kleinen Laiben mit mindestens 60 g Gewicht und bedeckt von einer graubräunlichen Schimmelrinde

45 % Fett i.Tr.
Geschmack: mild bis kräftig, je nach Reife.

Englischer Ziegenhartkäse

Es gibt viele Arten aus bäuerlichen Produktionen z. B.
Cerney Village aus Gloucestershire mit würzig-herbem Geschmack.
Mendip aus Timsbury – West Country, etwa 1 1/2 kg Laibe in Körbchen geformt, wie an der Musterung der Rinde erkennbar ist. Geschmack ist feinsäuerlich mit fruchtigem Aroma.
Tricklemore aus Ziegenrohmilch aus der Region Totnes – Devon, etwas mehr als 2 kg schwere, kugelförmige Laibe mit einer harten Naturrinde. Der weiße Teig, zum Rand hin dunkler werdend, hat eine gleichmäßige kleine Lochung. Aroma und Geschmack sind angenehm kräftig.

Einetaler Ziegenkäse
DEUTSCHLAND – UNTERHARZ

Frisch-, Weichkäse und auch halbfester Schnittkäse mit oder ohne würzende Zutaten.

Évora
PORTUGAL

halbfester Schnittkäse, Hartkäse aus Schaf-, Ziegenmilch oder einer Mischung. Der gut gesalzene Laib ist oft ohne Rinde und wird in Öl gelagert.
45 % Fett i.Tr.,
Geschmack: etwas scharf, salzig

Feta
GRIECHENLAND

Lakekäse, traditionell aus Schaf-, Ziegenmilch oder einer Mischung, heute auch aus Kuhmilch.
Wie der Name es verrät, wird der Käse in Stücken – fetes verkauft.
Mit einer weichen bis halbfesten Konsistenz aber leicht

Käsesorten

bröckelig, von weißer Farbe besitzt er keine Rinde. Eingelegt in eine Salzlake benötigt er eine Reifezeit von 1 bis 3 Wochen. 40 bis 50 % Fett i.Tr.
Geschmack: pikant salzig und zergeht angenehm auf der Zunge.

Flor de Esgueva
SPANIEN – VALLADOLID
Hartkäse aus Schafmilch
50 % Fett i.Tr., *Geschmack:* typisch aromatisch

Frischkäse
Darunter werden ungereifte Käse verstanden, die vornehmlich durch Milchsäuregerinnung gewonnen werden und verschiedene Konsistenzen aufweisen können. Sie sind unmittelbar nach der Herstellung genussfertig
z. B. *Ricotta, Burgos*

Gamelost
NORWEGEN
auch Gamalost, Gammelost (gammel = alt, ost = Käse) Hartkäse aus Ziegenmilch mit Naturrinde, 3 % Fett i.Tr.
Geschmack: aromatisch, intensiv

Gjetost
NORWEGEN
Molkehartkäse ohne Rinde, aus Ziegenmilch mit zugesetzter Sahne; ohne Reifezeit, kommt direkt nach der Herstellung auf den Markt, gjet = Ziege, ost = Käse etwa 35 % Fett i.Tr.
Der *Geschmack* dieses »Brunost« (Braunkäse) ist karamellig-süß und lässt sich gut hobeln.

Halloumi
ZYPERN
Halloum im Libanon Lakekäse frisch aber fest aus Schaf-, Ziegen- auch Kuhmilch

40 % Fett i.Tr.
Geschmack: mild, salzig

HollandKaas
NIEDERLANDE
Schnittkäse aus Schaf- oder Ziegenmilch, runde Laibe von etwa 400 g Gewicht mind. 48 % Fett i.Tr.
Geschmack: mild

Idiazábal
NORDSPANIEN
Hartkäse mit goldbrauner Naturrinde, auch geräuchert, aus Schafmilch
45 – 53 % Fett i.Tr.
Geschmack: pikant, kräftig

Inntaler Ziegenrolle
DEUTSCHLAND, ÖSTERREICH
Milchsäure-Lab-Weichkäse aus Ziegenmilch mit Kräuterauflage
mind. 50 % Fett i.Tr.
Geschmack: mild bis würzig

Glossar der

Inntaler Camembert
DEUTSCHLAND, ÖSTERREICH

Weichkäse mit Weißschimmelrinde aus Ziegenmilch
45 - 50 % Fett i.Tr.
Geschmack: fein – würzig

Jarlsberg
NORWEGEN

Schnittkäse aus Ziegenmilch
30 – 45 % Fett i.Tr.
Geschmack: leicht süß-nussig

Kaschkawal
BULGARIEN

in Rumänien Cascaval Dobrogea (Dobrudscha Kaschkawal)
Brüh- und Knethartkäse aus Schafmilch
mind. 50 % Fett i.Tr.
Geschmack: pikant, leicht salzig

Kasséri
GRIECHENLAND

Brüh- und Knethartkäse, hergestellt aus frischem Kefalotiri, einem Schaf- und Ziegenkäse
40 % Fett i.Tr.
Geschmack: mild bis pikant

Kefalotiri
GRIECHENLAND

Hartkäse aus Schafmilch oder Schaf- und Ziegenmilch
Frisch wird er für viele griechische Gerichte verwendet, gut gereift als Reibekäse in Form eines Kefalo-Hutes, etwa 25 cm hoch
max. 45 % Fett i.Tr.
Geschmack: typisch intensives Aroma bei reiferem Käse

Lanark Blue
SCHOTTLAND

halbfester Blauschimmelkäse aus Schafmilch
52 % Fett i.Tr.
Geschmack: würzig bis kräftig

Liptauer
UNGARN

Weichkäse aus Schafmilch, oft mit Gewürzen und Kräutern, um den Geschmack zu verstärken, 45 % Fett i.Tr.
Geschmack: mild bzw. würzig

Majorero
KANARISCHE INSELN – FUERTEVENTURA

Ein Weich- bis Hartkäse aus Ziegenmilch:
artesanal:
weich = 1 Tag alt
fresco:
weich = wenige Tage alt
semifresco:
streichbar = wenige Wochen alt
tierno:
schnittfest = 1 bis 2 Monate
curado:
mittelhart = 3 Monate
viejo:
hart = 6 Monate bis 3 Jahre alt
etwa 55 % Fett i.Tr.
Geschmack: angenehm leicht nussig bis kräftig

Käsesorten

Manchego
SPANIEN – LA MANCHA
Hartkäse mit Naturrinde und dichter Struktur aus Schafmilch, Reifezeit 2 Monate bis 2 Jahre
50 – 55 % Fett i.Tr.
Geschmack: frisches volles Aroma
Manchego curado: Reifezeit 2 Monate
Manchego viejo: Reifezeit 9 – 12 Monate
Manchego con aceite: in Olivenöl eingelegt

Manouri
GRIECHENLAND
Molkeeiweißkäse aus Schafmilch, ungesalzen, getrocknet
mind. 70 % Fett i.Tr.
Geschmack: cremig mild

Marzolino
ITALIEN – TOSKANA
Hartkäse aus Schafmilch, auch Mischung Schaf- und Kuhmilch, mind. 50 % Fett i.Tr.
Geschmack: mild bis leicht pikant

Monte Verde
NORDPORTUGAL
Weichkäse / Schnittkäse aus Schafmilch, 40 % Fett i.Tr.
Geschmack: mild aromatisch

Mysost
NORWEGEN
Molkefrischkäse aus Ziegenmilch mit Zusatz von Sahne; auch aus Kuhmilch,
mys = Molke, *ost* = Käse
10 % Fett i.Tr.
Geschmack: cremig erfrischend

Ossau – Iraty
SÜDWESTFRANKREICH
Schnittkäse / Halbhartkäse aus Schafmilch
45 – 50 % Fett i.Tr.
Geschmack: würzig mit leicht weinartigem Aroma

Pecorino
ITALIEN
Schnittkäse / Hartkäse aus Schafmilch

Der junge Käse als Tafelkäse, gereift wird er gerieben
mind. 50 % Fett i.Tr.
Geschmack: angenehm pikant

Pecorino romano
mind. 36 % Fett i.Tr.
Er muss mind. 8 Monate reifen, bis er auf den Markt kommt.
Geschmack: pikant salzig

Pecorino toscano
meist ungereift wird er cremig verzehrt; mit zunehmender Reife härtet er aus, dann zeigt er eine bröcklige Konsistenz. Aus Schaf-, Ziegen- oder Kuhmilch hergestellt. Schafkäse trägt auf dem Etikett den Zusatz: *tutti di latte de pecora oder pecora completo.*

Pecorino senese
Wie Pecorino toscano, doch die Rinde nicht mit Öl oder Asche, sondern mit Tomatenpüree eingerieben.

Glossar der

Pecorino siciliano
auch Canestrato siciliano genannt.
Ein Korb aus Schilfgeflecht als Form gibt ihm das typische Aussehen und Struktur.
mind. 40 % Fett i.Tr.
Geschmack: recht scharf pikant, da er mit Safran oder Pfefferkörnern gewürzt ist

Pecorino sardo
auch Fiore sardo genannt.
mind. 40 % Fett i.Tr.

Pecorino pepato
ist mit Pfeffer gewürzt.

Pélardon
FRANKREICH – CÉVENNES
Weichkäse aus Ziegenmilch mit zarter Rinde
mind. 40 % Fett i.Tr.
Geschmack: mild bis aromatisch

Picodon
SÜDFRANKREICH
Picodon de l'Ardéche
Picodon de la Drôme
halbfester Weichkäse aus Ziegenmilch mit dünner Naturrinde, Milchschimmel oder Rotflora
45 % Fett i.Tr.
Geschmack: würzig

Picón
SPANIEN – KANTABRIEN, PICOS DE EUROPA
halbfester Edelschimmelkäse aus Schaf-, Ziegen-, Kuhmilch
etwa 40 % Fett i.Tr.
Geschmack: recht würzig

Pyrénées pur brebis
FRANKREICH – PYRENÄEN
Schnittkäse /Halbhartkäse aus Schafmilch
mind. 45 % Fett i.Tr.
Geschmack: pikant
auch **Hautes pyrénees**, ein Käse aus den Hochlagen der Pyrenäen mit einer groben Rinde und ausgeprägtem Schafmilchgeschmack

Queijo Serra da Estrêla
PORTUGAL
Schnittkäse aus Schafmilch
50 % Fett i.Tr.
Geschmack: intensiv

Queso de Cabra
SPANIEN – ANDALUSIEN
Schnitt-, Hartkäse aus Ziegenmilch,
mind. 50 % Fett i.Tr.
Geschmack: typisch aromatisch

Queso Flor Valsequillo
KANARISCHE INSELN – GRAN CANARIA
Käse aus Ziegenmilch oder Ziegen-, Kuh- und Schafmilch
– **Queso fresco,**
    Frischkäse, Reifezeit etwa 10 Tage
    Geschmack: mild
– **Queso fresco ahumado,**
    Frischkäse geräuchert
    Geschmack: mild-rauchig
– **Queso semicurado,**
    Halbhartkäse, mit Pimen-

Käsesorten

tón (gem. Paprika) oder Gofio auch geräuchert, Reifezeit 1 Monat
Geschmack: mild-pikant

– **Queso curado,**
Hartkäse mit brauner Rinde eingerieben mit Olivenöl, Reifezeit 6 Monate
Geschmack: sehr aromatisch

Queso de Gomera
KANARISCHE INSELN
Schnittkäse / Hartkäse aus Ziegenmilch mit etwas Schafmilch, Naturrinde gelbgrau
50 % Fett i.Tr.
Geschmack: leicht pikant, kräftig

Queso Iberico
SPANIEN
Schnittkäse aus Kuh-, Schaf-, Ziegenmilch
mind. 45 % Fett i.Tr.
Geschmack: mild aromatisch

Queso palmero
KANARISCHE INSELN
Schnittkäse / Hartkäse aus Ziegen- und Schafmilch
50 % Fett i.Tr.
Geschmack: fein pikant

Rabaçal
PORTUGAL – SÜDLICH VON COIMBRA
Weichkäse aus Schaf- und Ziegenmilch
50 – 60 % Fett i.Tr.
Geschmack: dezente Schärfe

Reine des Caprius
FRANKREICH – CREST
Weichkäse aus Ziegenmilch
mind. 45 % Fett i.Tr.
Geschmack: mild, leicht salzig

Ricotta
ITALIEN
Frischkäse / Molkeneiweißkäse aus Schaf-, Ziegen- und Kuhmilch
20 – 30 % Fett i.Tr.
Geschmack: mild, leicht säuerlich

Ricota salata
ITALIEN
Frischkäse / Molkeneiweißkäse aus Schafmilch
40 % Fett i.Tr.
Geschmack: mild, leicht säuerlich

Roncal
SPANIEN – PROVINZ VALLADOLID, NAVARRA
Hartkäse aus Schafmilch
50 – 60 % Fett i.Tr.
Geschmack: je nach Reifegrat zart-würzig bis pikant

Roquefort
FRANKREICH
Halbfester Blauschimmelkäse aus Rohmilch von Schafen
mind. 52 % Fett i.Tr.
Geschmack: aromatisch pikant

Saint-Marcellin
FRANKREICH
Weichkäse aus Ziegen-, auch Kuhmilch
etwa 45 % Fett i.Tr.

Glossar der

Geschmack:
junger Käse – leicht säuerlich
gereifter Käse – kräftig würzig

Sainte-Maure
FRANKREICH
Weichkäse aus Ziegenmilch. Als bäuerlicher Käse bläulich, als Molkereikäse weißlich, Rinde mit oder ohne Holzkohle. In der Mitte durch einen Strohhalm stabilisiert etwa 45 % Fett i.Tr.
Geschmack: mild würzig

Saloio
PORTUGAL – BEI LISSABON
Weichkäse / Schnittkäse / Hartkäse je nach Reifezeit, aus Schafmilch, kleiner Laib von 6 cm Durchmesser und 2 cm Höhe
50 – 55 % Fett i.Tr.
Geschmack: sehr aromatisch

Sancerre
FRANKREICH
Weichkäse aus Ziegenmilch, 45 % Fett i.Tr.
Geschmack: ausgeprägt

Soignon
FRANKREICH
Frischkäse aus Ziegenmilch, mind. 40 % Fett i.Tr.
Geschmack: mild, salzig

Selles-sur-Cher
FRANKREICH
Weichkäse aus Ziegenmilch, Rinde mit Schimmel und Holzkohle
45 % Fett i.Tr.
Geschmack: angenehm mild

Serena
SPANIEN – EXTREMADURA, ANDALUSIEN
Hartkäse von Merinoschafmilch, 50 – 55 % Fett i.Tr.
Geschmack: mild aromatisch vergleichbar mit Manchego

Tomar
PORTUGAL – TEJO-GEBIET
Schnittkäse aus Ziegenmilch, Laib 5 cm Durchmesser, 2 cm Höhe, etwa 50 % Fett i.Tr.
Geschmack: ausgeprägt typisch

Tomme de brebis
FRANKREICH
halbfester Schnittkäse aus Schafmilch, 50 % Fett i.Tr.
Geschmack: eher mild

Tourmalet
FRANKREICH – PYRENÄEN
Schnittkäse aus Schafmilch, 50 % Fett i.Tr.
Geschmack: charakteristisch mild bis aromatisch

Tronchón
SPANIEN – ARAGÓN
Schnittkäse / Hartkäse aus Schafmilch oder Mischung aus Schaf- und Ziegenmilch, Kegelform, aus dem Hinterland von Valencia
Der runde Laib hat oben eine Mulde, bedingt durch die Form. 50 % Fett i.Tr.
Geschmack: mild charakteristisch

Käsesorten

Valençay
MITTELFRANKREICH – DEPARTEMENT INDRE
Weichkäse aus Ziegenmilch, Rinde mit Holzkohlenpulver bestäubt, mit Oberflächenschimmel, Pyramidenform
45 % Fett i.Tr.
Geschmack: mild würzig

Wäller Knuppe
DEUTSCHLAND – WESTERWALD
halbfester Schnittkäse aus Ziegenmilch, auch mit Kräutern, Knoblauch oder Meerrettich gewürzt
etwa 45 % Fett i.Tr.
Geschmack: mild, angenehm aromatisch

Wensleydale
NORDOSTENGLAND
Hartkäse aus einer Mischung von Kuh- und Schafmilch, mit umtuchter Naturrinde
45 % Fett i.Tr.
Geschmack: leicht säuerlich bis mild aromatisch

Zamorano
SPANIEN – KASTILIEN, CADIZ, ANDALUSIEN, CALAHORA, CASTELEÑO
Hartkäse aus Schafmilch
50 – 55 % Fett i.Tr.
Geschmack: markant, würzig

Ziegen-Camembert
DEUTSCHLAND, ÖSTERREICH
Weißschimmelkäse aus Ziegenmilch verschiedener kleiner Hofhersteller
45 – 50 % Fett i.Tr.
Geschmack: mild bis kräftig würzig

ZiegenKaas
NIEDERLANDE
Schnittkäse aus Ziegenmilch mit verschiedenen Kräutern, runde Laibe von 400 g
mind. 45 % Fett i.Tr.
Geschmack: mild aromatisch

Anmerkung
Es gibt weltweit eine Vielzahl unterschiedlichster Käsesorten. Viele kleine Käsereien und bäuerliche Höfe haben ihre eigene Tradition. An dieser Stelle können unmöglich alle aufgeführt werden.

Rezepte der mediterranen Genießerküche

Salate und Vorspeisen

Suppen

Dips und Beilagen

Teigwaren, Pizzen und kleine Gerichte

Hauptgerichte

Desserts und Backwaren

Salate und Vorspeisen

Ziegenkäseterrine mit Basilikum und provençalischem Senf

Zutaten

Für etwa 10 Personen
7 Blatt weiße Gelatine
200 ml Sahne

Für die Basilikum-Käsemasse
1-2 Knoblauchzehen
60 g Basilikumblätter
2 EL Olivenöl, 2-3 TL Zitronensaft
Salz, frisch gemahlener schwarzer Pfeffer
300 g Ricotta (Ziegenkäse)

Für die Senf-Käsemasse
6-8 schwarze entsteinte Oliven
200 g Ziegenfrischkäse, 40-45% Fett i. Tr.
3-4 TL provençalischer Senf
1-2 EL cremiger Naturjoghurt
Salz, frisch gemahlener schwarzer Pfeffer, 1 Bd. Rucola, etwa 15 Cherrytomaten

Für die Limetten-Vinaigrette
Saft 1 Limette, Salz
frisch gemahlener weißer Pfeffer, weißer Balsamessig, 80 ml Olivenöl

Zubereitung

Die Gelatine in kaltem Wasser einweichen. Eine Terrinenform, ersatzweise eine Königskuchenform von 20 x 11 cm, 800 bis 900 ml Inhalt mit Klarsichtfolie auslegen; die Enden sollten überlappen, so dass die Terrine später heraus-gehoben werden kann.

Für die Basilikum-Käsemasse den Knoblauch abziehen und zerdrücken. Die Basilikumblätter vorsichtig waschen, gut trocken tupfen und mit Olivenöl, Zitronensaft, Salz, Pfeffer und Knoblauch pürieren. Mit Ricotta vermischen und gut abschmecken.

Für die Senf-Käsemasse die Oliven in sehr kleine Stücke schneiden. Den Ziegenfrischkäse mit Oliven, provençalischem Senf und Naturjoghurt verrühren. Mit Salz und schwarzem Pfeffer würzen.
Die Sahne erhitzen und vom Herd nehmen. Die ausgedrückte Gelatine hineingeben und rühren, damit sie sich gut auflöst. Die Hälfte in die Basilikummasse geben, die andere Hälfte in die Senfmasse.

Basilikum-Ricottamasse in die Form füllen, glatt streichen und nun die Senf-Ziegenfrischkäse-masse einfüllen. Die Form etwas aufschlagen, um Luftlöcher zu vermeiden. Abgedeckt im Kühlschrank etwa 10 Stunden stehen lassen.
Die Terrine mit einem feinen Sägemesser in etwa 10 Tranchen schneiden.
Den Rucola waschen, putzen, trocken tupfen, mit der Limetten-Vinaigrette beträufeln und die Ziegenkäseterrine mit Rucolasalat und Sherrytomaten garniert servieren.

Salate und Vorspeisen

Melone und Erdbeeren mit Ziegenkäse und Minzecreme

Zutaten

1 kleine Cantaloupe-,
Netz- oder Honigmelone
200 g Erdbeeren
200 g Ziegenkäse (Chèvre)
etwa 12 Minzeblättchen

FÜR DIE MINZECREME
1 Bd. frische Minze
1-2 EL Olivenöl, Salz
frisch gemahlener Pfeffer
2 EL cremiger Naturjoghurt
2 EL saure Sahne
3 EL süße Sahne

Zubereitung

Die Melone gut kühlen, schälen, entkernen und in Spalten schneiden. Die Erdbeeren vorsichtig waschen, vom Blütenansatz befreien und halbieren. Den Ziegenkäse in Scheiben schneiden und auf einer Platte mit Melonen und Erdbeeren dekorativ anrichten. Den Ziegenkäse mit einem Minzeblättchen garnieren.

Die Minze waschen, trocken tupfen, die Blätter von den Stielen zupfen. Mit Olivenöl, Salz und Pfeffer pürieren. Naturjoghurt, saure und süße Sahne zufügen, verrühren und abschmecken.

Nach Belieben eine Minzecreme dazu servieren.

Salate und Vorspeisen

Gefüllte Avocados

Zutaten

120 g Ziegenfrischkäse
etwa 4 EL Milch
Salz, Pfeffer
2-3 Msp. mexikanisches Chilipulver
1-2 Msp. gemahlener Kreuzkümmel
2-3 Zweige asiatisches Basilikum
2 sehr reife und gekühlte Avocados

Zubereitung

Den Ziegenfrischkäse mit der Milch verrühren. Mit Salz, Pfeffer, Chilipulver und Kreuzkümmel abschmecken. Basilikum waschen, die Blättchen von den Stielen zupfen und hacken, etwas für die Garnitur zurückbehalten. Basilikum unter den Ziegenkäse geben. Die Avocados halbieren. Den Kern herauslösen und den Ziegenkäse in die Aushöhlungen füllen. Mit wenig Chilipulver bestreuen und mit Basilikumblättchen garniert sofort servieren.

Tipp: Nach Belieben können die Schnittflächen der Avocados mit etwas Limettensaft beträufelt werden. Das verhindert das Braunwerden des Fruchtfleischs.

Salate und Vorspeisen

Feldsalat mit Schafkäse und Trauben

Zutaten

FÜR DIE SALATSAUCE
100 ml Sahne, 3 EL Crème fraîche, 2 EL cremiger Naturjoghurt vorzugsweise aus Schafmilch
1 1/2 TL Estragonsenf, Salz, frisch gemahlener Pfeffer, nach Belieben 2 EL Calvados

125 g Feldsalat, 200 g blaue Trauben,
200 g Schafkäse z. B. HollandKaas mit Kräutern oder Pyrenäenkäse, 2 rotbackige Äpfel
1 EL Zitronensaft, 80 g Walnüsse

Zubereitung

Die Sahne leicht schlagen. Crème fraîche, Joghurt und Estragonsenf zufügen und verrühren. Mit Salz, Pfeffer und Calvados abschmecken, kühl stellen.

Den Feldsalat putzen, waschen und abtropfen lassen. Die Trauben waschen und entkernen. Den Schafkäse in schmale Stifte schneiden. Die Äpfel waschen, vom Kerngehäuse befreien und in dünne Scheiben schneiden, mit Zitronensaft beträufeln. Die Walnüsse hacken. Feldsalat mit Trauben, Schafkäse und Äpfeln dekorativ auf Tellern anrichten, mit der Salatsauce übergießen und mit Walnüssen bestreuen.

Tipp: Auch ein Blauschimmelkäse wie Beenleigh Blue würde sich harmonisch einfügen.

Brennessel-Käse-Salat

Zutaten

FÜR DIE SALATSAUCE
2 EL Apfelessig, Salz, frisch gemahlener Pfeffer
6 EL Haselnussöl

1/2 – 1 Kopf Salat, je nach Größe
250 g Mohrrüben, 200 g Ziegenkäse
mit Brennessel,
ersatzweise ein anderer Ziegenkäse mit Kräutern
3 EL gehackte Haselnüsse
etwa 20 kleine Brennesselblättchen

Zubereitung

Zunächst die Salatsauce herstellen. Dazu den Apfelessig mit Salz und Pfeffer verrühren und das Haselnussöl unter Rühren zufügen.
Den Salat putzen, vorsichtig waschen und grob schleudern oder abtropfen lassen. Die Mohrrüben waschen und wie den Käse in Stifte schneiden oder raspeln. Die Haselnüsse in einer trockenen Pfanne rösten. Die Brennesselblättchen waschen und trocken tupfen.
Die Salatblätter kranzförmig auf den Tellern oder auf einer großen Platte anordnen. Nun die Mohrrüben und den Käse darauf verteilen. Mit den Brennesselblättchen garnieren. Mit der Salatsauce übergießen und den Haselnüssen bestreuen.

Salate und Vorspeisen

Papaya-Käse-Salat

Zutaten

1 große, reife Papaya
1/2 Bd. möglichst asiatischer Koriander
150 g halbfester Schafkäse wie Pyrenäenkäse,
Corsica oder Aragon, 1 Limette
1 reife aber noch schnittfeste Avocado
1 EL Kapern, Salz
frisch gemahlener schwarzer Pfeffer
1–2 EL Olivenöl

Zubereitung

Die Papaya schälen, aufschneiden, die schwarzen Kerne mit einem Löffel herausnehmen und die Frucht in Würfel schneiden. Den Koriander waschen, trocken tupfen, die Blättchen von den Stielen zupfen und hacken. Den Käse würfeln. Den Saft der Limette auspressen. Die Avocado schälen, den Stein entfernen und die Frucht würfeln. Alle Zutaten in eine Schüssel geben. Die Kapern zufügen, mit Salz und schwarzem Pfeffer würzen. Mit dem Olivenöl beträufeln und vorsichtig unterheben.

Kartoffelsalat auf mediterrane Art

Zutaten

400-500 g in Schale gekochte, möglichst kleine längliche Kartoffeln, 1 rote Paprikaschote
1 Glas in Öl eingelegte Artischockenherzen, ca. 280 g, 1-2 Frühlingszwiebeln, 200 g Feta oder Ricotta salata, 1/2 Bd. französisches Basilikum
2-3 getr. in Öl eingelegte Tomaten
1 Knoblauchzehe zum Einreiben der Schüssel
8 grüne Oliven, 8 schwarze Oliven,
1 EL Kapern, 3 EL weißer Balsamessig, Salz,
frisch gemahlener weißer Pfeffer,
2 Msp. Paprikapulver, etwa 6 EL Olivenöl

Zubereitung

Die Kartoffeln pellen und in Scheiben schneiden. Die Paprikaschote aufschneiden, entkernen, von den Zwischenwänden befreien und würfeln. Die Artischockenherzen halbieren oder vierteln. Die Frühlingszwiebeln waschen und klein schneiden. Den Feta würfeln. Das Basilikum waschen, trocken tupfen, die Blättchen von den Stielen zupfen und hacken. Die Tomaten in kleine Stücke schneiden. Eine Schüssel mit der aufgeschnittenen Knoblauchzehe einreiben, alles mit Oliven und Kapern vorsichtig hineingeben und vermischen. Balsamessig, Salz, Pfeffer und Paprikapulver verrühren. Das Olivenöl zufügen und darüber gießen.
Kurz durchheben und gekühlt durchziehen lassen.

Salate und Vorspeisen

Salat von rotem und weißem Chicoree mit Frischkäse

Zutaten

Für die Zubereitung
des Frischkäses
500 g Ziegenfrischkäse
etwa 2 EL Crème fraîche, Salz
frisch gemahlener Pfeffer

Für den Kräuterkäse
2 EL frisch gehackte Kräuter wie
glattblättrige Petersilie,
Schnittlauch, Kerbel oder Salbei,
Basilikum oder Minze

Für den Tomatenkäse
1 EL Tomatenmark
1 EL Tomatenketchup
2 Msp. Paprikapulver, edelsüß
1–2 Msp. Cayennepfeffer

Für den Meerrettichkäse
etwa 1 EL ger. Meerrettich,
nach Belieben etwa 1 TL
weißen Balsamessig

Für den Currykäse
$1/2$ TL Currypulver, $1/2$ TL Kurkuma
1 zerdrückte Knoblauchzehe
1 Msp. Chilipulver
eingelegter, gehackter Ingwer

Ziegenfrischkäse und Crème fraîche mit Salz und Pfeffer verrühren. In vier Portionen teilen. Unter jede Portion die aufgeführten Zutaten getrennt mischen und gut abschmecken. Abgedeckt kühl stellen.

1 weiße und 1 rote Chicoree-Staude

Für die Vinaigrette
$1 1/2$ EL Apfelessig, Salz, Pfeffer
4 EL Haselnussöl

Die Blätter vom Chicoree einzeln abnehmen, vorsichtig waschen und am Stiel etwas zurechtschneiden, so dass diese sternförmig auf den Teller gelegt werden können. Immer ein weißes und ein rotes Blatt.
Die Vinaigrette herstellen und die Blätter damit benetzen.
Die Käseportionen in der Mitte verteilen und servieren.
Dieses Rezept ist ausreichend für 4-6 Personen.

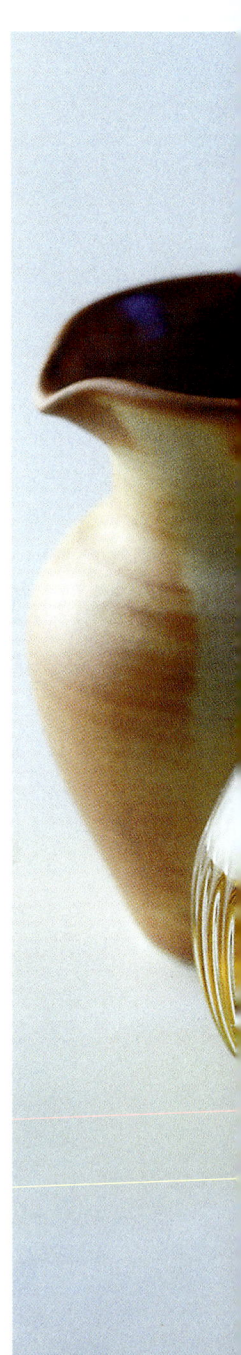

Salate und Vorspeisen

Knoblauch-Käsecreme auf geröstetem Brot, Italien

Zutaten

3 Flaschentomaten
150 g Pecorino oder Marzolino
etwa 2 Knoblauchzehen
1/2 Bd, glattblättrige Petersilie
1 Zweig frischer Thymian
5-6 schwarze Oliven
1/2 eingelegte Paprikaschote
etwa 2 EL toskanisches Olivenöl, ersatzweise ein anderes erster Pressung
1/2 EL Zitronensaft
Salz
frisch gemahlener schwarzer Pfeffer
2 Msp. Paprikapulver
4-6 Scheiben Weißbrot, möglichst toskanisches oder apulisches

Zubereitug

Die Tomaten überbrühen, häuten und hacken. Den Käse reiben. Die Knoblauchzehen abziehen und zerdrücken. Die Kräuter waschen. Trocken zupfen und hacken. Die Oliven entsteinen und wie die Paprikaschote fein hacken. Diese Zutaten in einer Schüssel mit Olivenöl und Zitronensaft vermischen. Mit Salz, Pfeffer und Paprikapulver würzen.

Den Backofen auf 190 -200° C vorheizen. Die Weißbrotscheiben rösten, nach Belieben halbieren oder vierteln und mit der Masse betreichen. Die Brotscheiben auf eine Backblech legen und für 8 – 10 dekorativ anrichten und heiß servieren.

Salate und Vorspeisen

Fruchtsalat mit Manourisauce

Zutaten

FÜR DIE SAUCE
100 g Manouri
2 TL Apfelessig
2 TL flüssiger Honig
1 TL Currypulver
100 ml Sahne
50 ml Milch

1 rosa Grapefruit
2 Äpfel, 1 weiche Birne
2 Kiwis, 1-2 EL Limettensaft
geröstete Mandel-
blättchen

Zubereitung

Alle Zutaten für die Sauce verrühren, am besten mit dem Mixstab.
Die Grapefruit schälen und in Segmente teilen. Die übrigen Früchte schälen, in Scheiben schneiden und alles dekorativ auf Tellern anrichten. Die Apfelscheiben mit Limettensaft beträufeln.
Mit den Mandelblättchen bestreuen und mit der Manourisauce servieren.

Tipp: Anstelle von Manouri kann auch ein Beenleigh Blue verwendet werden.

Salate und Vorspeisen

Couscous-Salat

Zutaten

150 g Couscous
(Marokkanischer Weizengrieß)
Salz, 4 EL Olivenöl
Salz, 1 Fleischtomate
1/2 Salatgurke
1 rote Paprikaschote
150 g Feta, Halloumi oder
Brin d'amour
1/2 Bd. frischer Koriander
1/2 Bd. frische Minze
1 Knoblauchzehe zum Einreiben
der Schüssel
2 EL Limettensaft
Salz, frisch gemahlener
schwarzer Pfeffer
gemahlener Piment

Zubereitung

Couscous laut Packungsanleitung zubereiten, entweder im Couscoustopf über Wasserdampf oder in einer großen Pfanne auf dem Herd. Mit Salz und 1 1/2 EL Olivenöl vermischen und erkalten lassen. Die Fleischtomate in kleine Stücke schneiden. Die Gurke schälen. Die Paprikaschote aufschneiden, Kerne und Zwischenwände entfernen, beides würfeln. Den Feta in kleine Stücke schneiden oder zerbröckeln. Koriander und Minze waschen, trocken tupfen, die Blättchen von den Stielen zupfen und hacken; etwas für die Garnitur zurückbehalten. Alle Zutaten miteinander vermischen. Limettensaft und restliches Olivenöl zufügen, mit Salz, Pfeffer und Piment würzen. Gekühlt etwas durchziehen lassen.
Mit Kräuterblättchen garniert servieren.

Salate und Vorspeisen

Gratinierter Ziegenkäse auf Brunnenkresse und Tomaten

Zutaten

Für den Salat
1 Bd. Brunnenkresse
3-4 Tomaten
1-1 1/2 EL weißer Balsamessig
Salz, weißer Pfeffer
3-4 EL Traubenkernöl
2 EL Pinienkerne

Für die Baguettescheiben
1 Tomate,
1 Bd. glattblättrige Petersilie
1 Knoblauchzehe,
1 1/2 EL Olivenöl. 1 TL Kapern,
Salz, frisch gemahlener
schwarzer Pfeffer
1/2 TL getr. Oregano
4 Scheiben Baguette
4 Französische Ziegentaler,
je 25 g

Zubereitung

Die Brunnenkresse waschen, putzen, gut abtropfen lassen und in mundgerechte Stücke teilen. Die Tomaten waschen, den Stielansatz entfernen und in dünne Scheiben schneiden. Balsamessig, Salz und Pfeffer verrühren. Das Traubenkernöl unter Rühren zufügen. Nun den Belag für die Baguettescheiben herstellen. Dazu die Tomate überbrühen, häuten, grob entkernen und sehr klein schneiden. Die Petersilie waschen, trocken tupfen, die Blättchen von den Stielen zupfen und hacken. Die Knoblauchzehe abziehen und zerdrücken. Alle Zutaten mit dem Olivenöl und den Kapern vermischen. Mit Salz, Pfeffer und Oregano abschmecken.

Die Baguettescheiben toasten und die Kräutermasse darauf verteilen. Mit dem Ziegenkäse belegen.
Die Brunnenkresse auf 4 Teller verteilen. Die Tomatenscheiben kreisförmig anrichten. Mit der Salatsauce benetzen und mit Pinienkernen bestreuen.

Die Baguettescheiben mit Ziegenkäse im Ofen gratinieren und in die Mitte des Tellers setzen. Sofort servieren!

Salate und Vorspeisen

Käse-Crêpes mit grünem Spargel und Orangensauce

Zutaten

Für 4 kleine Crêpes

Für die Füllung
250 g grüner,
möglichst wilder Spargel
1 EL Butter, Salz und 1 TL Zucker

Für die Sauce
1 Orange, 100 ml Crème double
Salz, frisch gemahlener
weißer Pfeffer
1 Msp. Cayennepfeffer
40 g kalte Butter in Würfeln

Für den Teig
25 g Butter
2 Eier, $1/8$ Liter Milch
40 g Ziegenfrischkäse
50 g Mehl, Salz
4 TL Butter zum Backen
der Crêpes

Zubereitung

Den Spargel waschen, bis auf die Spitzen schälen und das untere Ende etwas abschneiden. Die Butter in einem Topf erhitzen, den Spargel hineingeben, mit 1/4 Liter Wasser begießen. Salz und Zucker zufügen und 6 - 8 Minuten garen. Der Spargel soll noch knackig sein, herausnehmen und warm halten.

Die Orange schälen, in Segmente teilen und in der Küchenmaschine oder im Mixer zerkleinern. Den Saft durch ein Sieb in einen Topf gießen und mit der Spargelbrühe etwas einkochen. Crème double zugeben und einige Minuten köcheln lassen. Vom Herd nehmen, mit Salz, Pfeffer und Cayennepfeffer würzen.

Für die Crêpes die Butter in einem Topf schmelzen lassen und vom Herd nehmen. Eier, Milch, Ziegenfrischkäse und Mehl miteinander verquirlen; am besten mit dem Mixstab. Die Butter zufügen und salzen. Butter in einer Crêpepfanne erhitzen. Einen kleinen Schöpflöffel voll Teig in die Pfanne geben, durch Schräghalten der Pfanne erreicht man, dass der Teig sich gut verteilt. Die Crêpes sollten hauchdünn sein, wenden und wieder etwa 1 Minute braten bis sie goldgelb sind. Die Spargelstangen in die Crêpes wickeln und auf vorgewärmte Teller geben. Die kalte Butter in die warme Sauce rühren und darüber gießen.

Tipp: Der Durchmesser der Pfanne sollte etwa 18 cm betragen. Diese Menge ist ausreichend als Vorspeise. Bei größerem Hunger die Menge mindestens verdoppeln.

Salate und Vorspeisen

Ricotta-Torte
Torta ta'l-Irkotta, Malta

Zutaten

frische Kräuter wie Petersilie,
Thymian, Majoran, Minze,
Sauerampfer
100 g roher Schinken
400 g Ricotta (Schafkäse)
3 Eier, Salz
frisch gemahlener weißer Pfeffer
Paprikapulver
300 g Blätterteig
15 g Butter für die Form
1 Eigelb und Milch
zum Bestreichen

Zubereitung

Die Kräuter waschen, trocken tupfen und die Blättchen hacken. Den Schinken in kleine Stückchen schneiden. Ricotta mit den Eiern verrühren, Kräuter und Schinken zufügen. Mit Salz, Pfeffer und Paprikapulver gut würzen.

Den Backofen auf 210 °C Ober- und Unterhitze vorheizen.
Den Blätterteig ausrollen. Eine Tarteform von etwa 20 cm Durchmesser mit Butter ausstreichen und den Boden sowie die Seitenwände mit dem Teig auskleiden. Die Ricottamischung hineingeben.
Aus dem Blätterteig Streifen schneiden und kreuzweise darüber legen.

Das Eigelb mit Milch verrühren und die Streifen damit bestreichen.

Im Backofen auf mittlerer Schiene für etwa 45 Minuten backen.

Salate und Vorspeisen

Gefüllte Blätterteigpastetchen

Zutaten

40 g Butter
30 g Mehl
1/4 Liter Hühnerbrühe
100 ml Sahne
3-4 Basilikumblättchen oder glattblättrige Petersilie
80 g Pecorino romano
200 g Reste von gebratenem Hühnerfleisch
60 g Schinken, Salz
frisch gemahlener weißer Pfeffer
abgeriebene Muskatnuss
2–3 Tropfen Worcestershiresauce
4 Blätterteigpasteten
einige Salatblättchen

Zubereitung

Den Backofen auf 200 °C vorheizen. Die Butter erhitzen. Das Mehl einstreuen, durchschwitzen lassen und unter Rühren mit Hühnerbrühe und Sahne ablöschen. Bei mäßiger Temperatur 8 Minuten kochen lassen. Die Basilikumblättchen waschen und hacken.

Den Käse reiben und in die Sauce rühren. Das Hühnerfleisch und den Schinken in Würfel schneiden. Ebenfalls zur Sauce geben. Mit Salz, Pfeffer, Muskatnuss und Worcestershiresauce würzen.

Die Pastetchen im Backofen erhitzen, herausnehmen und das Hühnerfleisch einfüllen. Mit Salatblättchen garniert servieren.

Salate und Vorspeisen

Schaf- und Ziegenkäse in Filoteig
Käse Pita, Griechenland

Zutaten

200 g Spinat, netto, frisch oder TK
1 Zwiebel
nach Belieben 1 Knoblauchzehe
2 EL Olivenöl
Salz, Pfeffer
abgeriebene Muskatnuss
Paprikapulver
2 Eier, 100 g Feta
2 EL gemahlene Haselnüsse
125 g Ziegenfrischkäse
100 g Butter zum Betreichen der Teigblätter
350-400 Filoteigblätter

Zubereitung

Den Spinat waschen, putzen und blanchieren oder die TK-Ware auftauen lassen. Die Zwiebel und die Knoblauchzehe abziehen. Die Zwiebel fein würfeln und die Knoblauchzehe zerdrücken.

Olivenöl in einem Topf erhitzen und die Zwiebel darin leicht andünsten. Spinat und Knoblauch zufügen. Mit Salz, Pfeffer, Muskatnuss und Paprikapulver würzen, einige Minuten unter Rühren dünsten und vom Herd nehmen, etwas abkühlen lassen.

Ein Ei mit Feta pürieren, zu dem Spinat geben, ebenso die Haselnüsse und gut abschmecken. Das andere Ei mit dem Ziegenfrischkäse pürieren. Den Backofen auf 200 °C Umluft vorheizen.

Die Butter schmelzen lassen. Ein Backblech mit Butter ausstreichen. ein Filoteigblatt hineingeben, mit Butter bestreichen und das nächste Blatt darauf legen.

So fortfahren bis etwa $2/3$ der Blätter verbraucht sind. Die Füllung darauf streichen, zunächst den Spinat mit Feta, dann den Ziegenfrischkäse. Nun auf die gleiche Weise wieder jedes Teigblatt mit Butter bestreichen. Die Oberfläche rautenförmig leicht einritzen, das soll bewirken, dass die Feuchtigkeit verdampft und der Filoteig knusprig wird.

Im Backofen zunächst bei 200 °C etwa 12 Minuten backen, dann bei 180 °C nochmals etwa 12 Minuten.

Salate und Vorspeisen

Zucchini-Kuchen

Zutaten

2500 g Zucchini,
etwa 3 Stück
1 Mohrrübe von etwa 70 g
1 EL Butter für die Form
1 Knoblauchzehe
80 g Pecorino oder Manchego
3 Eier, 2 EL Crème fraîche
2 EL Mehl, 2 EL Olivenöl
Salz, frisch gemahlener
schwarzer Pfeffer
1 TL getrockneter Thymian
1 TL getrockneter Oregano
abgeriebene Muskatnuss

Zubereitung

Die Zucchini waschen, den Stielansatz entfernen und auf der Reibe raspeln. Die Mohrrübe waschen, schaben und ebenfalls raspeln.

Den Backofen auf 180 °C Umluft vorheizen. Eine Tarteform mit Butter ausstreichen.

Die Knoblauchzehe abziehen und zerdrücken. Den Käse reiben. Alles in einer Schüssel mit Eiern, Crème fraîche, Mehl und Olivenöl vermischen. Etwas Käse zum Bestreuen übrig behalten. Mit Salz, Pfeffer, Thymian, Oregano und Muskatnuss würzen. Diese Masse in die Tarteform füllen. Mit dem restlichen Käse bestreuen und für 30 bis 40 Minuten in den Backofen stellen.

Warm oder kalt servieren.

Suppen

Kalte Gurkencremesuppe

Zutaten

1/2 Schalotte
nach Belieben 1/2 Knoblauchzehe
1 Salatgurke, 2-3 Zweige Dill
200 g milden Naturjoghurt
100 g Ziegenfrischkäse
150 ml Sahne
Salz, gemahlener Piment
1 Msp. gemahlener Anis

Zubereitung

Die Schalotte und die Knoblauchzehe abziehen. Die Gurke schälen und grob zerkleinern. Einige Stücke für die Garnitur in sehr kleine Würfel schneiden oder noch besser einen Kugelausstecher benutzen und beiseite stellen. Den Dill waschen, davon ebenfalls etwas für die Garnitur bereit stellen. Sämtliche Zutaten im Mixer pürieren und mit Salz, Piment sowie Anis abschmecken. Sehr gut kühlen und mit Gurkenstückchen oder -kugeln und Dill garniert servieren.

Safran-Apfelsuppe mit Pecorino pepato

Zutaten

1 Zwiebel, 1 Knoblauchzehe
60 g magerer geräucherter Bauchspeck
300 g Äpfel, 125 g Pfifferlinge, 100 g Pecorino pepato
3-4 EL Öl, etwa Traubenkern-, Soja- oder Rapsöl
1/8 Liter weißer Portwein, 1 Liter Hühnerbrühe
einige Safranfäden, 1-2 frische Thymianzweige
1 Lorbeerblatt, 40 g Butter, 15 g Mehl

Zubereitung

Die Zwiebel und die Knoblauchzehe abziehen. Die Zwiebel würfeln und die Knoblauchzehe zerdrücken. Den Bauchspeck in kleine Stücke schneiden. Die Äpfel schälen, vom Kerngehäuse befreien und in Scheiben schneiden. Die Pfifferlinge putzen und in kleine Stücke schneiden. Den Pecorino pepato fein reiben.
Das Öl in einem Topf erhitzen. Zwiebel, Knoblauch und Äpfel mit dem Bauchspeck hineingeben und einige Minuten dünsten. Die Hälfte der Pfifferlinge zufügen. Nach etwa 5 Minuten mit Portwein ablöschen und die Brühe zufügen. Die Safranfäden auflösen und hineingeben, ebenso Thymianzweige und Lorbeerblatt. Salzen, 10 bis 15 Minuten köcheln bis die Äpfel weich sind, durch ein Sieb streichen und zurück in den Topf geben. Die Hälfte der Butter mit dem Mehl verkneten und hinein rühren, einige Minuten köcheln lassen. Den Pecorino pepato zufügen und die Suppe abschmecken.
Die restlichen Pfifferlinge andünsten und in Mitte geben.

Suppen

Kürbissuppe

Zutaten

FÜR 4–6 PERSONEN
1 kg Kürbis, nach dem Putzen etwa 650 g
1 Stück Lauch von etwa 10 cm
1 Kartoffel von etwa 100 g
40 g Butter, Salz
frisch gemahlener weißer Pfeffer
1/2 TL Curry, 1–2 Msp. Koriander
2–3 Msp. Kreuzkümmel
1 Liter Gemüsebrühe
100 g Ziegenfrischkäse, die eine Hälfte natur die andere Hälfte mit Pfeffer
100 ml Sahne
3-4 EL weißer Portwein
2–3 EL geröstete Kürbiskerne

Zubereitung

Den Kürbis schälen, von Fasern und Kernen befreien und in Stücke schneiden. Den Lauch putzen und in schmale Ringe schneiden. Die Kartoffel waschen, schälen und würfeln.

Die Butter in einem Topf erhitzen und Kürbis sowie Lauch und Kartoffelwürfel etwa 10 Minuten unter Rühren andünsten. Mit Salz, Pfeffer, Curry, Koriander und Kreuzkümmel würzen. Mit der Hälfte der Gemüsebrühe ablöschen. 10 Minuten kochen lassen, dann pürieren. Die restliche Brühe angießen.

Ziegenfrischkäse mit der Sahne pürieren und mit dem Portwein zufügen. Nicht mehr kochen lassen, nur noch erhitzen.

Gut abschmecken und mit den Kürbiskernen bestreut servieren.

Suppen

Sauerampfersuppe mit Garnelen

Zutaten

1 Zwiebel, 120–140 g Sauerampfer
50-60 g Butter, 20 g Vollkornmehl
$1/4$ Liter Gemüsebrühe
1 Liter Ziegenmilch,
ersatzweise Kuhmilch, Salz,
frisch gemahlener weißer Pfeffer
abgeriebene Muskatnuss,
70 g Ziegenfrischkäse
150-200 g küchenfertige, gekochte Garnelen

Zubereitung

Die Zwiebel abziehen und würfeln. Den Sauerampfer waschen, trocken tupfen, eventuell etwas von den harten Stielen abschneiden. Die Butter in einem Topf erhitzen. Die Zwiebel darin andünsten. Den Sauerampfer nach einigen Minuten zufügen. Nach drei weiteren Minuten das Mehl darüber stäuben und goldgelb durchschwitzen. Die Gemüsebrühe und einen Teil der Ziegenmilch unter Rühren angießen, aufkochen lassen, vom Herd nehmen, pürieren und auf den Herd zurück stellen. Die restliche Milch zufügen, mit Salz, Pfeffer und Muskatnuss würzen. 8 Minuten bei mäßiger Tem-peratur kochen lassen.

Den Ziegenfrischkäse einrühren und die Garnelen zugeben. Abschmecken und servieren.

Italienische Fetzensuppe

Zutaten

50 g Pecorino
1 Bund Schnittlauch
2 Eier
100 g Ziegenfrischkäse
2 EL Weizengrieß
Salz, Pfeffer
1 Msp. gemahlener Koriander
1 Msp. Piment
$1–1\ 1/4$ Liter Fleischbrühe

Zubereitung

Den Pecorino fein reiben. Den Schnittlauch in Röllchen schneiden. Eier, Ziegenfrischkäse, Pecorino, Weizengrieß, Salz, Pfeffer, Koriander und Piment verrühren.
Die Fleischbrühe erhitzen und die Käse-Grießmischung unter Rühren hineingießen. Dabei bilden sich Flöckchen, die erwünscht sind.
Mit Schnittlauchröllchen bestreut servieren.

Dips und Beilagen

Käse-Dip von La Gomera
Almogrote Gomera

Zutaten

1 getrocknete Chilischote
3 Knoblauchzehen
250 g Hartkäse aus Schaf- und Ziegenmilch, möglichst von La Gomera oder ein anderer Käse z.B. Manchego oder Majorero
1-2 Fleischtomaten
Salz, 80 ml Olivenöl

Zubereitung

Die getrocknete Chilischote mit kochendem Wasser überbrühen und etwas stehen lassen, dann aufschneiden, entkernen und fein hacken. Den Knoblauch abziehen und zerdrücken. Den Käse fein reiben. Die Tomaten überbrühen, häuten, entkernen und das Fruchtfleisch fein hacken. Alle bisher genannten Zutaten vermischen, salzen und das Olivenöl unter ständigem Rühren langsam zufügen.
Mit Stangenweißbrot ist der Dip ein wahrer Genuss.

Dip aus Kichererbsen, Ziegenkäse und Minze

Zutaten

$1/2$ Bund Minze
200 g gekochte Kichererbsen
100 g Ziegenfrischkäse
Salz, frisch gemahlener schwarzer Pfeffer
$1/2$ TL gemahlener Kreuzkümmel

Zubereitung

Die Minze waschen, trocken tupfen, die Blättchen von den Stielen zupfen. Einige Blättchen für die Garnitur zurückbehalten. Die restliche Minze zusammen mit Kichererbsen und Ziegenfrischkäse pürieren. Mit Salz, Pfeffer und Kreuzkümmel gut würzen und gekühlt auf Scheiben von Baguette oder Schwarzbrottalern servieren.

Tipp: Sollte die Masse nicht streichfähig genug sein einen Esslöffel Crème fraîche, Sahne oder milden Joghurt unterrühren.
.

Dips und Beilagen

Kartoffeln mit Käse von La Palma, Escacho Palmero

Zutaten

Für etwa 6 Personen

500 g Kartoffeln, Salz
250 g Hartkäse wie Queso palmero, Majorero, Manchego
1 getr. Pfefferschote, 2 Knoblauchzehen
3 EL Weißweinessig, 5 EL Olivenöl
50 g Gofio (geröstetes gemahlenes Getreide) ersatzweise Weißbrot und gemahlene Mandeln zur Hälfte

Zubereitung

Die Kartoffeln waschen, schälen, in Salzwasser gar kochen und zerdrücken oder durch die Kartoffelpresse drücken; das Kartoffelwasser aufbewahren. Den Käse reiben. Die Pfefferschote mit kochendem Wasser übergießen, etwas weichen lassen, herausnehmen, aufschneiden und von den Kernen befreien. Die Pfefferschote sehr klein schneiden. Die Knoblauchzehen zerdrücken oder beides im Mörser zerstoßen. Den Essig zufügen und nach und nach das Olivenöl. Mit den Kartoffeln vermischen und etwas Kartoffelwasser zufügen. Nun Gofio und Käse untermischen, es sollte eine breiige Konsistenz haben. Eventuell noch etwas Kartoffelwasser hinzu fügen.

Ratatouille-Auflauf

Zutaten

400 g Zucchini, 1 Aubergine,
1 kleine rote, 1 grüne und 1 gelbe Paprikaschote
3 Tomaten, $1/2$ Gemüsezwiebel
1 Knoblauchzehe, etwa 6 EL Olivenöl, Salz
schwarzer Pfeffer, 2 TL getr. Kräuter der Provence
1 EL Tomatenmark, 1 EL Tomatenketchup
150 g Pecorino romano oder Kefalotiri
10 g Butter für die Form, 3 Eier

Zubereitung

Das Gemüse waschen und trocken tupfen. Zucchini und Aubergine würfeln. Die Paprikaschoten in Streifen schneiden. Die Tomaten überbrühen, häuten und in Spalten schneiden. Die Gemüsezwiebel und die Knoblauchzehe abziehen. Die Gemüsezwiebel würfeln und die Knoblauchzehe zerdrücken.
Einen Teil des Olivenöls erhitzen und das Gemüse nach und nach anbraten, Zwiebeln und Knoblauch zufügen. Jeweils das angebratene Gemüse herausnehmen und in eine Schüssel geben. Mit Salz, Pfeffer und Kräutern der Provence würzen. Mit Tomatenmark und Tomatenketchup abschmecken. Den Pecorino reiben. Den Backofen auf 170 °C Umluft vorheizen. Eine Auflaufform mit Butter ausstreichen. Das Gemüse in die Auflaufform geben. Die Eier mit dem Pecorino verrühren, salzen, pfeffern und über das Gemüse geben. Für etwa 25 Minuten in den Backofen stellen.

Dips und Beilagen

Polenta mit Chèvre

Zutaten

FÜR 4–6 PERSONEN
3/4 Liter Flüssigkeit, halb Milch halb Gemüsebrühe
Salz, 130 g Polenta
50 g Butter
10 g Butter für die Form
1 Ei, frisch gemahlener Pfeffer
abgeriebene Muskatnuss
125 g Ziegenweichkäse z. B. Chèvre, Sainte Maure

Zubereitung

Die Milch mit der Gemüsebrühe zum Kochen bringen, salzen und Polenta unter Rühren einstreuen. Etwa 10 Minuten bei sehr mäßiger Temperatur kochen lassen, dabei immer rühren. Etwas ausquellen lassen und vom Herd nehmen.
Den Backofen auf 160 °C Umluft vorheizen. Eine Auflaufform mit Butter ausstreichen. Das Ei trennen, das Eiweiß mit Salz steif schlagen. Die Hälfte der Butter und das Eigelb unter die Polentamasse rühren. Gut mit Salz, Pfeffer und Muskatnuss würzen. Das Eiweiß unterziehen. In die Auflaufform geben. Den Ziegenweichkäse in dünne Scheiben schneiden und auf die Polenta verteilen. Die restliche Butter in Flöckchen darum legen. In den Backofen für etwa 25 Minuten stellen bis der Käse goldgelb ist.

Mit einem Salat ist dies eine vollwertige Mahlzeit. Aber auch Lammsteaks schmecken delikat dazu.

Dips und Beilagen

Gratinierte Kohlrabi

Zutaten

2 Kohlrabi, etwa 700 g
1/4 Liter Milch, Salz
30 g Butter und 15 g Butter
für die Form
15 g Mehl
frisch gemahlener
weißer Pfeffer
abgeriebene Muskatnuss, 1 Ei
150 g Ricotta
(Schaf oder Ziege)

Zubereitung

Die Kohlrabi schälen und in dünne Stifte schneiden. Einige zarte Blättchen waschen und hacken. 1/8 Liter Wasser und die Hälfte der Milch mit Kohlrabi sowie -blättchen in einen Topf geben, salzen und etwa 10 Minuten bei mäßiger Temperatur kochen lassen, so dass das Gemüse gar aber noch knackig ist.

Die Butter in einem Topf erhitzen. Das Mehl einstreuen und goldgelb durchschwitzen lassen. Mit der restlichen Milch und der Garflüssigkeit ablöschen. Einige Minuten kochen lassen. Mit Salz, Pfeffer und Muskatnuss würzen. Vom Herd nehmen und den Kohlrabi zufügen.

Den Backofen auf 190 bis 200 °C Ober- und Unterhitze vorheizen. Vier feuerfeste Portionsteller oder Förmchen mit Butter ausstreichen.

Das Ei trennen. Ricotta und Eigelb verrühren und zu dem Kohlrabi geben. Das Eiweiß mit Salz steif schlagen und unterheben. Auf die feuerfesten Teller verteilen und für 15 bis 20 Minuten in den Backofen stellen.

Gemüse-Lasagne mit Ziegen- und Schafkäse

Zutaten

5 Tomaten
2 kleine Auberginen, etwa 400 g
4 Selleriestangen mit etwas Grün
1 große Zwiebel
1 Knoblauchzehe
5 EL Olivenöl
Salz, frisch gemahlener schwarzer Pfeffer
Paprikapulver
180 g Lasagneblätter, etwa 12 Stück
$3/4$ Liter Gemüsebrühe
150 g Ziegenfrischkäse
4 Eier
200 g Schafkäse wie Manouri
15 g Butter für die Form und 30 g Butter als Flöckchen

Zubereitung

Das Gemüse waschen und trocken tupfen. Die Tomaten überbrühen, häuten und hacken. Die Auberginen in kleine Würfel, die Selleriestangen in dünne Scheiben schneiden. Die Zwiebel und die Knoblauchzehe abziehen. Die Zwiebel fein würfeln und die Knoblauchzehe zerdrücken. Olivenöl in einem weiten Topf erhitzen. Die Auberginen und die Selleriestangen darin andünsten. Nach einigen Minuten Zwiebel und Knoblauch zufügen, dann die Tomaten. Salzen, pfeffern und bei mäßiger Temperatur unter Rühren etwa 15 Minuten garen lassen. Mit Paprikapulver würzen. Die Lasagneblätter in der Gemüsebrühe 8 bis 10 Minuten vorgaren, herausnehmen und abtropfen lassen. Den Ziegenfrischkäse mit 1/8 Liter Gemüsebrühe und den Eiern gut verrühren. Salzen, pfeffern und den Manouri zerbröckeln.

Den Backofen auf 200 °C Ober- und Unterhitze vorheizen. Eine Auflaufform von etwa 20 x 30 cm mit Butter ausstreichen. Eine Schicht Lasagneblätter, bei der Größe der Form dürften es 3 sein, nebeneinander in die Form legen. Mit Gemüse bedecken, etwas Eiermasse darüber geben. Schafkäsebröckchen und Lasagneblätter und so weiter fortfahren. Die letzte Schicht sollte Gemüse, Eiermischung und Manouri sein. Mit Butterflöckchen belegen und in den Backofen für 35 bis 45 Minuten stellen.

Teigwaren, Pizzen und kleine Gerichte

Schwarze Nudeln und Lachskaviar in Ziegenfrischkäse-Sauce

Zutaten

60 g Ziegenfrischkäse
1/8 Liter Milch
1/4 Liter Sahne
40 g Butter
Salz, frisch gemahlener weißer Pfeffer
400 g schwarze Nudeln
2 Eigelb
4 EL Lachskaviar
einige Kerbelblättchen

Zubereitung

Ziegenfrischkäse mit Milch und Sahne mit dem Mixstab verrühren.
Die Butter in einem Topf zerlaufen lassen und Käse-Sahnemasse zufügen. Unter Rühren erhitzen. Mit Salz und Pfeffer würzen und vom Herd nehmen.

Die schwarzen Nudeln laut Packungsanweisung bissfest kochen und abtropfen lassen. Die Käsesauce nochmals unter Rühren erhitzen, mit dem Eigelb abziehen und die Sauce über die Nudeln geben. Mit Lachskaviar krönen und mit Kerbelblättchen garnieren.

Tipp: Mit einem fruchtigen Roséwein servieren.

Teigwaren, Pizzen und kleine Gerichte

Spaghettini mit Pesto und Pecorino

Zutaten

50 g Pinienkerne
100 g getrocknete Tomaten in Öl
1–2 Zweige Basilikum,
vorzugsweise französisches
Salz , 400 g Spaghettini
10 g Butter, 2–3 EL Olivenöl
Pfeffer, 5 EL Basilikumpesto
60–80 g Pecorino

Zubereitung

Die Pinienkerne in einer trockenen Pfanne leicht rösten und herausnehmen. Die getrockneten Tomaten auf Küchenpapier abtropfen lassen und in feine Streifen oder Stücke schneiden. Das Basilikum waschen, die Blättchen von den Stielen zupfen und beiseite legen.

Genügend Wasser zum Kochen bringen, salzen und die Spaghettini dazugeben. Nach Packungsanweisung bissfest kochen, abgießen und die Butter darauf zerlaufen lassen. Währenddessen das Olivenöl in einem Topf erhitzen. Die getrockneten Tomaten kurz darin schwenken, salzen, pfeffern, vom Herd nehmen und das Basilikumpesto hineingeben, ebenso die Spaghettini und mischen.
Auf Tellern verteilen und mit Pinienkernen, Basilikumblättchen und gehobeltem Pecorino servieren.

Penne rigate mit Gemüse und Pecorino pepato

Zutaten

130 g Pecorino pepato, 400 g Penne rigate
Salz, 1 Zwiebel, 1 Knoblauchzehe
5 Selleriestangen, 4 Tomaten
1 Paprikaschote, 2 EL Olivenöl
30 g Butter und 10 g Butter für die Form
frisch gemahlener schwarzer Pfeffer
Paprikapulver, wenig Chilipulver
12-16 entsteinte Oliven

Zubereitung

Den Pecorino pepato reiben. Die Penne rigate in kochendes Salzwasser geben und bissfest kochen, abgießen und abschrecken. Etwas Kochwasser aufbewahren.
Währenddessen die Zwiebel und die Knoblauchzehe abziehen. Die Zwiebel fein würfeln und die Knoblauchzehe zerdrücken. Die Selleriestangen in schmale Ringe schneiden. Die Tomaten überbrühen, häuten und hacken. Die Paprikaschoten feinstreifig schneiden. Das Olivenöl erhitzen. Die Butter zufügen. Zuerst Zwiebel und Selleriestangen andünsten, nach einigen Minuten Knoblauch und Paprikaschoten zufügen, dann die Tomaten. Mit Salz, Pfeffer, Paprika- und Chilipulver würzen. Etwa 15 Minuten schmoren lassen, eventuell etwas Kochwasser der Teigwaren zufügen.
Den Backofen auf 210 °C vorheizen. Feuerfeste Portionsteller mit Butter ausstreichen. Die Penne rigate hineingeben. Das Gemüse darauf verteilen, ebenso die Oliven und mit dem Pecorino bestreuen.
In den Backofen für 10 bis 12 Minuten stellen bis der Käse schmilzt.

Teigwaren, Pizzen und kleine Gerichte

Rigatoni in Salbei-Käse-Butter

Zutaten

40 g Salbeiblätter
120 g Manouri
60-80 g Butter
100 ml Sahne
Salz,
frisch gemahlener Pfeffer,
mittelscharfer Senf
400 g Rigatoni

Zubereitung

Die Salbeiblättchen waschen und trocken tupfen. Einige Blättchen für die Garnitur zurückbehalten. Die restlichen Blättchen fein hacken oder mit Manouri, Butter und Sahne pürieren. Mit Salz, Pfeffer und Senf abschmecken.

Wasser zum Kochen bringen, salzen und die Rigatoni laut Packungsangabe bissfest kochen und abgießen. In einer weiten Pfanne Salbei-Käse-Butter erhitzen und die Rigatoni darin schwenken.

Auf vorgewärmten Tellern sofort servieren. Mit den restlichen Blättchen garnieren.

Teigwaren, Pizzen und kleine Gerichte

Pfifferlinge in Ziegenfrischkäse-Sauce mit Spaghetti

Zutaten

1 Zwiebel
400 g Pfifferlinge
80 g Ziegenfrischkäse
50 ml Milch
60 g Pecorino
1 Bd. Dill, 2 EL Öl
30 g Butter
150 ml Sahne
2 EL Crème fraîche
Salz, Pfeffer
400 g Spaghetti

Zubereitung

Die Zwiebel abziehen und würfeln. Die Pfifferlinge putzen, die größeren etwas zerkleinern. Den Ziegenfrischkäse zerdrücken und mit der Milch verrühren. Den Pecorino hobeln. Den Dill waschen und hacken. Das Öl in einer Pfanne erhitzen. Die Butter zufügen. Zwiebeln und Pfifferlinge hineingeben. Nach einigen Minuten Sahne und Crème fraîche zufügen, etwas einkochen lassen, mit Salz und Pfeffer würzen. Den Ziegenfrischkäse zugeben, kurz erhitzen und den Dill darüber streuen. Abgedeckt warm halten.

Die Spaghetti kochen, abgießen und die Pfifferlinge mit den Spaghetti servieren. Mit dem gehobelten Pecorino bestreuen.

Teigwaren, Pizzen und kleine Gerichte

Farfalle mit Roquefortsauce

Zutaten

200 g Roquefort
100 ml Milch, 100 ml Sahne
3 EL Crème fraîche
Salz, frisch gemahlener Pfeffer

Zubereitung

Den Roquefort zerbröckeln, mit Milch und Sahne in einen Topf geben. Vorsichtig erwärmen, Crème fraîche zufügen, mit Salz und Pfeffer würzen.

Genügend Wasser zum Kochen bringen. Salz und Farfalle zufügen und bissfest laut Angabe des Herstellers kochen, abtropfen lassen und mit der Roquefortsauce mischen.

Tipp: Nach Belieben mit gehackten Walnüssen bestreuen oder mit einem pochierten Ei krönen.

Gemüsegratin mit Fusilli

Zutaten

200 g feine Erbsen (TK) 2 kleine Tomaten
2 Zucchini, 2 EL Olivenöl, Salz, Pfeffer,
2 Msp. getr. Thymian
150 g Fusilli corti, 15 g Butter
FÜR DIE GRATINMASSE
40 g Pecorino romano, 2 Eier, Salz, 40 g Butter,
60 g Ziegenfrischkäse, Butter für die Form

Zubereitung

Die Erbsen bissfest kochen. Die Tomaten und die Zucchini in Scheiben schneiden. Das Olivenöl in einer Pfanne erhitzen und die Zucchini einige Minuten braten, salzen, pfeffern und mit Thymian bestreuen. Die Fusilli corti bissfest kochen. Abgießen und die Butter darunter rühren. Den Grill vorheizen.

Den Pecorino romano fein reiben. Die Eier trennen, das Eiweiß mit Salz steif schlagen. Die Butter zerlassen und sobald sie heiß ist, das geschlagene Eigelb nach und nach vorsichtig dazu rühren. Bei sehr niedriger Temperatur weiterrühren und vom Herd nehmen. Ziegenfrischkäse und Pecorino romano einrühren. Diese Mischung langsam erhitzen. Wenn Käse und Eigelb verbunden sind, vom Herd nehmen und das Eiweiß unterheben.
Vier feuerfeste Portionsschalen mit Butter ausstreichen, die Teigwaren hineingeben und das Gemüse darauf verteilen. Mit der Käse-Ei-Masse abdecken. Für etwa 3 Minuten unter den Grill stellen bis die Oberfläche goldgelb ist. Sofort servieren.

Teigwaren, Pizzen und kleine Gerichte

Türkische Pizza, Lahmacun

Zutaten

Für den Teig
400 g Mehl
40 g Hefe, 1 TL Zucker
200 ml Milch
2 EL Joghurt, möglichst türkischer
1 1/2-2 EL Öl und 1 EL Öl für die Bleche, Salz

Für den Belag
1 große rote Paprikaschote
1 Peperoni
2 Frühlingszwiebeln
1 rote Zwiebel, 3 Tomaten
250 g Hackfleisch vom Rind
Salz, frisch gemahlener schwarzer Pfeffer
1 TL Paprikapulver
2 Msp. Kreuzkümmel
1/2 TL gemahlener Sumak
8 TL Olivenöl
200 g möglichst türkischer Feta
2-3 Zweige glattblättrige Petersilie

Zubereitung

Das Mehl in eine Schüssel sieben. In die Mitte eine Vertiefung drücken. Die Hefe mit dem Zucker hineinbröckeln und mit der leicht angewärmten Milch verrühren. Abgedeckt an einem warmen Ort etwa 20 Minuten stehen lassen bis die Hefe aufgegangen ist. Joghurt, Öl sowie Salz zufügen und gut durchkneten. Abgedeckt nochmals 30 bis 40 Minuten gehen lassen.

Für den Belag die Paprikaschote und die Peperoni aufschneiden, entkernen und in kleine Stücke schneiden. Die Frühlingszwiebeln in Ringe schneiden. Die Zwiebel abziehen und längs in Spalten schneiden. Die Tomaten überbrühen, häuten und hacken.

Den Hefeteig in 8 Bällchen teilen, diese zu ovalen Fladen formen. Den Backofen auf 200 °C Umluft vorheizen. Zwei Bleche einfetten. Das Hackfleisch mit den Gemüsen verkneten und mit Salz, Pfeffer, Paprikapulver, Kreuzkümmel und Sumak würzen. Die Teigstücke auf die Bleche legen und mit der Fleisch-Gemüsemasse belegen. Mit je 1 TL Olivenöl beträufeln. Den Käse darüber bröseln. Die Ränder der Fladen wie ein Schiffchen hochklappen.

Im Backofen etwa 20 Minuten backen. Mit der gehackten Petersilie bestreut servieren.

Teigwaren, Pizzen und kleine Gerichte

Enchiladas, Mexiko

Zutaten

1 rote getrocknete scharfe Chilischote z. B. Chile ancho oder pasilla
2 Tomaten
1 Knoblauchzehe
1 rote Zwiebel
1 rote Paprikaschote
40 g Manchego
4 EL Olivenöl
360 g Hackfleisch vom Rind
Salz, frisch gemahlener schwarzer Pfeffer
1/2 TL gemahlener Piment
1 EL Mehl
$1/4$ Liter Fleischbrühe
1 EL Tomatenketchup
$1/2$ TL getrocknete Epazote, ersatzweise Minze
$1/2$ Bd. frische Minze
4 Tortillas
Öl oder Butter für die Form
100 g Crème fraîche
80 g Ziegenfrischkäse

Zubereitug

Die Chilischote in eine trockene Pfanne legen und rösten, dabei beachten, dass sie nicht schwarz wird. Herausnehmen, aufschneiden, Kerne entfernen und in eine Schüssel geben. Mit 1/8 Liter kochendem Wasser überbrühen. Die Tomaten überbrühen, häuten und zu der Chilischote geben. Die Knoblauchzehe und die Zwiebel abziehen. Die Knoblauchzehe ebenfalls zu der Chilischote in die Schüssel legen und alles pürieren. Die Zwiebel in kleine Würfel schneiden. Die Paprikaschote aufschneiden, von Kernen und Zwischenwänden befreien und würfeln. Den Manchego reiben.

Die Pfanne auswischen und das Olivenöl darin erhitzen. Das Hackfleisch unter Rühren anbraten. Nach 5 Minuten die Zwiebeln zufügen, nach weiteren 5 Minuten die Paprikaschote hineingeben sowie die pürierte Masse. Mit Salz, Pfeffer und Piment würzen. 15 Minuten köcheln lassen. Das Mehl mit der Fleischbrühe verrühren und zufügen. Mit Tomatenketchup und Epazote abschmecken. 10 Minuten bei mäßiger Temperatur kochen lassen. Die Minze waschen, trocken tupfen, die Blättchen von den Stielen zupfen und hacken; etwas für die Garnitur zurückbehalten.

Den Backofen auf 200 °C Unter- und Oberhitze vorheizen. Die Tortillas auf ein Blech legen, hineingeben und 4 Minuten erwärmen, herausnehmen und die Fleischfüllung auf die Scheiben geben. Zusammenrollen und nebeneinander in die eingefettete Form geben. Crème fraîche und Ziegenfrischkäse verrühren, auf die Teigscheiben streichen und mit dem Manchego bestreuen. Für etwa 20 Minuten in den Backofen stellen.

Mit frischen Minzblättchen garniert servieren.

Teigwaren, Pizzen und kleine Gerichte

Roquefort-Toast mit Birne

Zutaten

1 weiche Birne
4 Toastbrotscheiben
25 g Butter
4 dünne Scheiben Roquefort, ersatzweise Lanark Blue
4 TL geriebener Pecorino

Zubereitug

Die Birne waschen, schälen, vom Kerngehäuse befreien und in dünne Scheiben schneiden. Die Toastbrotscheiben rund ausstechen, toasten, mit der Butter bestreichen und mit Birnen- und Roquefortscheiben belegen. Mit Pecorino bestreuen und im Ofen kurz überbacken.

Rührei mit Chorizo

Zutaten

FÜR 2 PERSONEN
1 kleine rote Paprikaschote
$1/2$ Bd. glattblättrige Petersilie
60 g Manchego, Pecorino oder Idiazábal
80 g Chorizo, ersatzweise eine andere Wurst z. B. Salami
4 Eier, 6 EL Sahne, Salz
frisch gemahlener schwarzer Pfeffer, 2 EL Öl, 1 EL Butter

Zubereitug

Die Paprikaschote aufschneiden, von Zwischenwänden und Kernen befreien und in Streifen schneiden. Die Petersilie waschen, trocken tupfen, die Blättchen von den Stielen zupfen und hacken. Den Pecorino reiben und Chorizo in Scheiben schneiden.
Die Eier mit Sahne, Pecorino und Petersilie verquirlen, salzen und pfeffern.
Das Öl in einer Pfanne erhitzen. Die Butter zufügen. Die Paprikaschote hineingeben und kurz andünsten. Die Eiermischung darüber geben, ebenso die Wurststücke und stocken lassen.
Auf vorgewärmten Tellern mit Petersilienblättchen garniert servieren.

Teigwaren, Pizzen und kleine Gerichte

Gemüse-Risotto

Zutaten

1 Zwiebel
1 Knoblauchzehe
1 Aubergine, 1 Zucchino
1 Mohrrübe, 1 Stück Kohlrabi
2 Stangen Staudensellerie
3 Champignons
2 Zweige glattblättrige Petersilie
4 EL Olivenöl, 1 EL Butter
225 g Risottoreis
(Arborio oder Vialone)
$1/8 - 1/4$ Liter trockner Weißwein, Salz
etwa $3/4$ Liter Gemüsebrühe
frisch gemahlener weißer Pfeffer
100 g Ziegenfrischkäse
5-6 EL Sahne

Zubereitung

Die Zwiebel und die Knoblauchzehe abziehen. Die Zwiebel fein würfeln und die Knoblauchzehe zerdrücken. Das Gemüse waschen und in kleine Würfel beziehungsweise in dünne Scheiben schneiden. Die Petersilie waschen, trocken tupfen, die Blättchen von den Stielen zupfen und hacken.
Das Öl in einem weiten Topf erhitzen. Die Butter zufügen. Den Reis hineingeben, durchrühren, dann Zwiebel, Sellerie, Aubergine, Mohrrübe und Kohlrabi dazugeben und mit dem Wein ablöschen. Wieder unter Rühren köcheln lassen, salzen und pfeffern. Immer, wenn Flüssigkeit verkocht, wieder etwas Brühe nachgießen. Der Reis braucht etwa 20 Minuten. 10 Minuten vor Garende die Zucchinowürfel und die Champignons zugeben.
Den Ziegenfrischkäse mit der Sahne verrühren und zum Schluss mit der Petersilie unterrühren.

Tipp: Die Beschaffenheit des Risotto sollte cremig, die Reiskörner aber noch bissfest sein.

Teigwaren, Pizzen und kleine Gerichte

Kürbis und Pilze unter der Haselnusskruste

Zutaten

400 g Kürbisfleisch, nach dem Putzen etwa 320 g
125 g Steinpilze
125 g braune Champignons
1 Zwiebel, 2 Eier
2 EL Crème fraîche
125 g Ziegenfrischkäse mit Kräutern und Knoblauch
5-6 EL Milch, Salz
frisch gemahlener schwarzer Pfeffer, abgeriebene Muskatnuss
2 EL Öl, 20 g Butter und 10 g Butter für die Form
50 g gemahlene Haselnüsse

Zubereitung

Das Kürbisfleisch schälen und von Kernen sowie Fasern befreien. Das Gemüse in etwa 3 cm lange, dünne Stifte schneiden. Die Pilze putzen und in Scheiben schneiden. Die Zwiebel abziehen und fein würfeln.
Die Eier mit Crème fraîche, Ziegenfrischkäse und Milch verrühren. Mit Salz, Pfeffer und Muskatnuss würzen.
Den Backofen auf 190 bis 200 °C Umluft vorheizen. Eine Auflaufform mit Butter ausstreichen.
Das Öl in einem weiten Topf erhitzen. Die Butter zufügen. Das Kürbisfleisch mit der Zwiebel etwa 6 Minuten andünsten. Die Pilze zufügen, weitere 5 Minuten dünsten. Mit Salz und Pfeffer würzen. Vom Herd nehmen.
Die Kürbispilzmasse in die Auflaufform geben. Mit der Eier-Frischkäsemasse übergießen und den gemahlenen Haselnüssen bestreuen. Etwa 20 Minuten im Ofen backen.

Teigwaren, Pizzen und kleine Gerichte

Pikante Walnuss-Käsetorte

Zutaten

Für den Hefemürbteig
150 g Mehl, 75 g Butter
1 Msp. Salz, 15 g Hefe
2 EL Milch, 1 Ei

Für den Belag
60 g Walnusskerne
150 g Pecorino romano
oder Ossau-Iraty, 3 Eier
80-100 g Ziegenfrischkäse
125 g Crème fraîche
1 1/2 TL Speisestärke
Salz, frisch gemahlener
schwarzer Pfeffer
2 Msp. gemahlener Piment
Butter für die Form

Zubereitung

Für den Hefemürbteig das Mehl auf ein Backbrett sieben. Die Butter in Flöckchen dazugeben, salzen und mit den Fingern abbröseln. In der Mitte eine Mulde formen. Die Hefe zerkleinern und hineingeben, die Milch und das Ei zufügen und zu einem glatten Teig verarbeiten. Abgedeckt gut 1/2 Stunde stehen lassen.

Für den Belag die Walnüsse hacken. Den Pecorino romano reiben. Die Eier mit dem Ziegenfrischkäse, Crème fraîche und Speisestärke verrühren. Mit wenig Salz, Pfeffer und Piment würzen. Die Walnüsse zufügen.

Den Backofen auf 175 °C Umluft vorheizen. Eine große Form oder besser vier kleine Förmchen von 10 bis 12 cm einfetten. Den Teig ausrollen und hinein drücken. Einen Rand formen und die Käsemasse hineingeben. In den Backofen für etwa 30 Minuten stellen.

Teigwaren, Pizzen und kleine Gerichte

Vollkorn-Tomatenquiche

Zutaten

Für den Hefemürbteig
200 g Vollkornmehl
100 g Butter
Salz, 20 g Hefe, 4 EL Milch
1 Ei, Butter für die Form
Mehl zum Ausrollen des Teiges

Für den Belag
4 Tomaten
1 rote Paprikaschote
150 g Ziegenfrischkäse
Salz, frisch gemahlener schwarzer Pfeffer
2 TL getrocknete Kräuter der Provence

Zubereitung

Für den Hefemürbteig das Mehl auf ein Backbrett sieben. Die Butter in Flöckchen dazugeben, salzen und mit den Fingern abbröseln. In der Mitte eine Mulde formen. Die Hefe zerkleinern und hineingeben. Die Milch und das Ei zufügen, zu einem glatten Teig verarbeiten. Abgedeckt gut 1/2 Stunde stehen lassen. Eine Form von etwa 26 cm Durchmesser einfetten. Den Teig mit wenig Mehl ausrollen und in die Form geben. Einen Rand formen. Den Backofen auf 175 °C Umluft vorheizen.

Für den Belag die Tomaten waschen und in Scheiben schneiden. Die Paprikaschote aufschneiden, entkernen, von den Zwischenwänden befreien und in feine Streifen schneiden. Tomaten und Paprika auf dem Teigboden verteilen. Den Ziegenfrischkäse in Flöckchen darauf geben. Mit Salz, Pfeffer und Kräutern der Provence würzen. In den Backofen für etwa 30 Minuten stellen.

Warm oder kalt mit einem Rosé, aus der Provence servieren.

Teigwaren, Pizzen und kleine Gerichte

Reibeplätzchen mit Apfel-Chutney

Zutaten

Für das Apfel-Chutney
1/2 – 1 Limette
750 g säuerliche Äpfel
1 Zwiebel
etwa 220 g brauner Rohrzucker,
50 g Rosinen
3 EL weisser Balsamessig
1 Zimtstange
2-3 Msp. gem. Koriander
1/2 TL gem. Piment, Salz

Für die Reibeplätzchen
1 Zwiebel, 150 g halbfester Käse aus Schafmilch,
z. B. HollandKaas oder Ossau-Iraty,
500 g Kartoffeln
2 Eier, 2 EL Mehl
Salz, Pfeffer
abgeriebene Muskatnuss
Öl zum Braten, Salz

Zubereitung

Den Saft der Limette auspressen. Die Äpfel waschen, schälen, Kerngehäuse entfernen, in Scheiben schneiden und in einen Topf geben. Mit dem Limettensaft beträufeln.
Die Zwiebel abziehen, in Halbringe schneiden und mit Zucker, Rosinen, Balsamessig, Zimtstange, Koriander, Piment sowie Salz in den Topf geben. 200 ml Wasser angießen und bei mäßiger Temperatur und häufigem Rühren kochen bis die Äpfel weich sind und die Masse eine breiige Konsistenz hat. Eventuell nochmals abschmecken.

Für die Reibeplätzchen die Zwiebel abziehen und fein würfeln. Den Käse reiben. Die Kartoffeln waschen, schälen und reiben. Alle Zutaten mit Eiern und Mehl in einer Schüssel verrühren. Mit Salz, wenig Pfeffer und Muskatnuss würzen.
Öl in einer Pfanne erhitzen und jeweils einen großen Esslöffel Kartoffelteigmasse pro Plätzchen in die Pfanne geben. Glattstreichen und nach einigen Minuten wenden. Sie sollten goldgelb und gar sein. Vier Stück können auf einmal gebraten werden. Auf Küchenkrepp abtropfen lassen und sofort mit Apfel-Chutney servieren.

Tipp: Ersatzweise die Reibeplätzchen mit Apfelmus reichen.

Hauptgerichte

Gefüllter Seesaibling in Wein

Zutaten

1 kleine Mohrrübe
1 Selleriestange, 1 Champignon
1 Stückchen Lauch
1 Knoblauchzehe
2 Zweige Thymian
3 Zweige glattblättrige Petersilie
4 EL Olivenöl
35 g Butter und 10 g Butter
für die Form
Salz, frisch gemahlener Pfeffer
350 ml trockener Weißwein
30 g Pecorino pepato
75 g Ziegenfrischkäse
2 EL Semmelbrösel
1 küchenfertiger Seesaibling von
1000 – 1100 g

Zubereitung

Das Gemüse waschen, trocken tupfen und in kleine Stücke schneiden. Die Knoblauchzehe abziehen und zerdrücken. Die Thymianblättchen von den Stielen zupfen. Die Petersilienblättchen gesondert hacken, etwas für die Garnitur zurück behalten.
Einen Esslöffel Olivenöl erhitzen. 10 g Butter zufügen. Das Gemüse hineingeben, salzen, pfeffern und unter Rühren etwa 10 Minuten dünsten, wenn nötig, 1 bis 2 Esslöffel Wein zufügen. Das Gemüse sollte bissfest und ohne Flüssigkeit sein. Den Inhalt in eine Schüssel geben und etwas abkühlen lassen.
Den Backofen auf 170 °C Umluft vorheizen.
Den Pecorino pepato fein reiben und mit Gemüse, Ziegenfrischkäse und Semmelbrösel gut vermischen. Den Seesaibling waschen, trocken tupfen und die Bauchhöhle salzen und pfeffern. Die Gemüse-Käsemischung dazugeben und mit drei Zahnstochern verschließen.
Eine Auflaufform mit Butter ausstreichen. Den Fisch hineinlegen und ihn mit dem restlichen Olivenöl beträufeln. Den Wein angießen. Die Petersilie drum herum verteilen. Für 28 bis 30 Minuten in den Backofen stellen.
10 Minuten vor Garende den Fisch mit der restlichen in Flöckchen zerteilten Butter belegen.

Tipp: Möglichst den gleichen guten Wein, etwa ein Riesling, der zum Garen genommen wurde, dazu servieren.

Hauptgerichte

Kartoffel-Apfel-Gratin mit Steinpilzen

Zutaten

1 Stange Lauch,
200 g Steinpilze, 1 Knoblauchzehe
1 EL Öl
20 g Butter und 10 g Butter
für die Form
Salz, Pfeffer
1 Msp. gemahlener Piment
1 Msp. gemahlener Koriander
je 1-2 Msp. Majoran,
Thymian und Oregano
3 Kartoffeln
2 mürbe Äpfel
$1/4$ Liter süße Sahne
250 ml Crème fraîche
100 g geriebener Pecorino
oder Ossau-Iraty

Zubereitung

Den Lauch gründlich waschen und die Steinpilze putzen. Den Lauch in Ringe und die Steinpilze in mundgerechte Stücke schneiden. Die Knoblauchzehe abziehen und zerdrücken.
Das Öl in einer Pfanne erhitzen. Die Butter zufügen. Den Lauch und die Steinpilze darin unter Rühren andünsten. Die Knoblauchzehe zufügen. Mit Salz, Pfeffer, Piment, Koriander, Majoran, Thymian und Oregano würzen.
Die Kartoffeln am besten auf dem Hobel in hauchdünne Scheiben schneiden. Die Äpfel schälen. Das Kerngehäuse entfernen und ebenfalls in Scheiben schneiden. Süße Sahne und Crème fraîche verrühren, salzen und pfeffern.

Eine feuerfeste Auflaufform mit Butter ausstreichen. Den Backofen auf 180 °C vorheizen.
Lauch, Steinpilze, Kartoffeln und Äpfel wechselweise einschichten. Mit Pecorino bestreuen und mit der Sahnemischung übergießen. Für etwa 50 Minuten in den Backofen stellen. Sollte er zu dunkel werden, mit Alufolie abdecken.

Ein vorzügliches vegetarisches Essen.

Hauptgerichte

Kritharaki mit Fleisch, Gemüse und Käse, Griechenland

Zutaten

2 Zucchini
1 Aubergine, 2 Tomaten
1 Zwiebel
1 Knoblauchzehe
5 EL griechisches Olivenöl
400 g Hackfleisch vom Lamm
1 große Dose
geschälte Tomaten, 850 ml
Salz, frisch gemahlener
schwarzer Pfeffer
etwa ¾ Liter Gemüsebrühe
200 g Kritharaki
½ TL getrockneter Oregano
½ TL Paprikapulver
je etwa 2 Msp. Fenchelsamen,
Sternanis, Nelken, Kardamom,
Zimt, 150 g Feta

Zubereitung

Das Gemüse waschen, putzen, trocken tupfen und in kleine Stücke schneiden. Die Zwiebel und die Knoblauchzehe abziehen, die Zwiebel würfeln und die Knoblauchzehe zerdrücken.

Die Hälfte des Öls in einem weiten Topf erhitzen. Das Hackfleisch gut darin anbraten. Mit den Tomaten samt Brühe ablöschen. Salzen, pfeffern und abgedeckt bei mäßiger Temperatur etwa 10 Minuten garen. Die Brühe angießen, aufkochen und die Kritharaki hineingeben. Bei geringer Temperatur etwa 15 Minuten garen lassen.

Währenddessen das restliche Öl in einem separaten Topf erhitzen und Zwiebel sowie Aubergine unter Rühren anbraten. Nun Knoblauch und Zucchini zufügen. Bei mäßiger Temperatur unter Rühren 10 Minuten garen. Das Gemüse zum Fleisch geben. Mit Oregano, Paprikapulver, Fenchel, Sternanis, Nelken, Kardamom und Zimt gut würzen; nach Bedarf mit Salz und Pfeffer abrunden.

Den Feta zerkrümeln und darüber geben.

Hauptgerichte

Lammsteaks mit Ziegenkäse und Salsa verde

Zutaten

Für die Salsa verde,
Grüne Sauce
1 Ei, 1 Bund
glattblättrige Petersilie
1 Knoblauchzehe
$1/2$ Zitrone
100 ml Olivenöl
Salz, frisch gemahlener
schwarzer Pfeffer

2 EL Olivenöl
1 EL Butter
8 Lammsteaks
Salz, frisch gemahlener
schwarzer Pfeffer
8 Ziegentaler, je 25 g

Zubereitung

Für die Salsa verde das Ei hart kochen, abschrecken, pellen und hacken. Die Petersilie waschen, trocken tupfen, die Blättchen von den Stielen zupfen und hacken. Die Knoblauchzehe abziehen und zerdrücken. Den Saft der Zitrone auspressen. Alles mit dem Olivenöl vermischen, salzen und pfeffern.

Das Olivenöl erhitzen. Die Butter zufügen. Die Lammsteaks beidseitig einige Minuten braten, salzen und pfeffern. Mit den Ziegentalern belegen und kurz unter den vorgeheizten Grill geben.
Mit der Salsa verde servieren.

Nach Belieben Ciabatta und einen leichten Rotwein dazu reichen.

Hauptgerichte

Hackfleischfrikadellen mit Feta

Zutaten

60 g Semmelbrösel
$1/8$ Liter Sahne
1 Zwiebel
1 Knoblauchzehe, 125 g Feta
1 rote Paprikaschote
$1/2$ grüne Paprikaschote
frische gemischte Kräuter
wie Petersilie, Koriander, Minze,
Schnittlauch
225 g Hackfleisch vom Lamm
ersatzweise Schwein
2 Eier, $1\,1/2$ - 2 EL Mehl
Salz, frisch gemahlener
schwarzer Pfeffer
$1/2$ TL Paprikapulver, edelsüß
1 TL gemahlener Kreuzkümmel
Öl zum Braten

Zubereitung

Die Semmelbrösel mit Sahne übergießen. Die Zwiebel und die Knoblauchzehe abziehen. Die Zwiebel in kleine Würfel schneiden und die Knoblauchzehe zerdrücken. Den Feta würfeln. Die Paprikaschoten aufschneiden, von Blütenansatz und Kernen sowie Zwischenwänden befreien und in kleine Würfel schneiden. Die Kräuter waschen, trocken tupfen, die Blättchen von den Stielen zupfen und hacken. Den Schnittlauch in Röllchen schneiden.

Alle Zutaten mit dem Hackfleisch und den aufgeschlagenen Eiern in einer Schüssel vermischen. Das Mehl zufügen. Mit Salz, Pfeffer, Paprikapulver und Kreuzkümmel würzen. Aus der Masse etwa 14 flache Fleischfrikadellen formen.

Öl in einer Pfanne erhitzen und die Frikadellen beidseitig je 6 bis 8 Minuten braten. Herausnehmen, auf Küchenpapier abtropfen lassen und die nächsten braten.

Mit Kartoffelpüree servieren.

Desserts und Backwaren

Ziegenkäse-Parfait mit Walnusskrokant und Quittensauce

Zutaten

FÜR DIE QUITTENSAUCE
200 ml Quittensaft
etwa 3 EL Gelierzucker,
je nach Zuckerart

FÜR DAS ZIEGENKÄSE-PARFAIT
1 TL Öl oder Butter
für das Blech
75 g Walnusskerne
75 g brauner Rohrzucker
$1/2$ Vanillestange
200 ml Milch
4 Eigelb, 100 g Zucker
200 ml Sahne
100 g Crème fraîche
125 g ungesalzener
Ziegenfrischkäse
nach Belieben 2 EL
Walnusslikör

Zubereitung

Den Quittensaft mit dem Gelierzucker laut Packungsvorschrift etwa 3 Minuten unter Rühren aufkochen, vom Herd nehmen und erkalten lassen.

Ein Kuchenblech leicht einölen oder buttern. Die Walnusskerne grob hacken. Den Rohrzucker in einen Topf geben und bei mittlerer Hitze schmelzen lassen. Die Walnusskerne zufügen und leicht karamellisieren. Herausnehmen, auf das Blech geben und hacken. Die Vanillestange aufschneiden. Das Mark auskratzen und samt Stange und Milch in einen Topf geben, erhitzen und vom Herd nehmen.
Eigelb und Zucker cremig rühren. Vanilleschote aus der Milch nehmen und die Milch nach und nach in die Eigelbmasse rühren. Auf dem Herd zur Rose abziehen; das heißt so rühren und erhitzen bis sie dickflüssig wird aber auf keinen Fall darf sie kochen. Vom Herd nehmen und auf Eis kalt rühren. Eine Kastenform (Metall, evtl. eine Königskuchenform) von 1 Liter Inhalt mit Alufolie oder Pergamentpapier auslegen.
Die Sahne steif schlagen. Crème fraîche und Ziegenfrischkäse verrühren, nach Belieben den Walnusslikör zufügen und mit der Sahne unter die Eiercreme ziehen. In die Form füllen und über Nacht tiefgefrieren.
Vor Gebrauch ganz kurz in warmes bis heißes Wasser tauchen oder noch besser mit der Folie oder dem Papier herausheben.

Mit der Quittensauce servieren.

Desserts und Backwaren

Ziegenkäse-Honigeis mit Feigen in rosa Grapefruitsauce

Zutaten

FÜR DIE FEIGEN
4 frische reife Feigen
etwa 3 rosa Grapefruits
75 g brauner Rohrzucker
1 kleine Zimtstange
nach Belieben
2 EL Feigenschnaps

FÜR DAS
ZIEGENKÄSE-HONIGEIS
250 ml Sahne
125 g ungesalzener
Ziegenfrischkäse
4 Eigelb
65 g Puderzucker
2 EL cremiger Honig

Zubereitung

Die Feigen schälen, vierteln und in eine Schale oder Schüssel legen. Den Saft der Grapefruits auspressen und durch ein Sieb geben. Es sollten etwa 250 ml sein.
Den Rohrzucker in einen Topf geben und bei mittlerer Hitze zum Karamell schmelzen lassen. Den Grapefruitsaft angießen und so lange rühren und köcheln lassen bis sich der Karamell gelöst hat. Die Zimtstange zufügen und etwas einkochen. Vom Herd nehmen und nach Belieben mit Feigenschnaps abschmecken. Über die Feigen gießen und abgedeckt im Kühlschrank durchziehen lassen.

Für das Eis die Sahne erwärmen, vom Herd nehmen und mit dem Ziegenfrischkäse verrühren. Eigelb mit Puderzucker und Honig über Wasserdampf cremig rühren. Auf eine Schüssel mit Eiswasser stellen, etwas weiter rühren, damit der Garvorgang beendet wird. Ziegenkäse-Sahne-Mischung zufügen und in der Eismaschine gefrieren. Je nach Eismaschine dauert das etwa 15 Minuten.
Mit den Feigen in Grapefruitsauce zusammen dekorativ anrichten.

Tipp: Wer keine Eismaschine zur Verfügung hat, kann ersatzweise die Masse in den Tiefkühlschrank geben.

Desserts und Backwaren

Ziegenfrischkäse-Mousse mit Holunderbeersauce

Zutaten

Für die Ziegenfrischkäse-Mousse
2 Blatt Gelatine
1/2 Vanillestange, 300 ml Sahne
200 g ungesalzener Ziegenfrischkäse
75 g Zucker
4 TL gehackte Pistazienkerne zum Anrichten

Für die Holunderbeersauce
600 ml ungezuckerter Holunderbeersaft, selbst hergestellt oder Fertigprodukt
15 g Speisestärke, 1 Sternanis
1 Stück Zimtstange
75 g brauner Zucker
1 1/2 EL Vanillezucker
2-3 TL Zitronensaft
nach Belieben mit
2 EL Portwein verfeinern

Zubereitung

Die Gelatine in kaltem Wasser einweichen. Die Vanillestange aufschneiden, das Mark auskratzen und beides in 100 ml Sahne geben; diese etwas erhitzen und vom Herd nehmen. Den Ziegenfrischkäse mit dem Zucker verrühren. Die Gelatine ausdrücken und in der warmen Sahne auflösen, die Vanillestange entfernen. Die restliche Sahne steif schlagen und unterheben. Die Masse am besten über Nacht im Kühlschrank fest werden lassen.

Für die Holunderbeersauce etwas von dem Saft abnehmen und mit der Speisestärke verrühren. Den restlichen Saft mit Sternanis und Zimtstange aufkochen und etwas ziehen lassen. Sternanis und Zimtstange entfernen, den Zucker und den Vanillezucker zufügen. Die angerührte Speisestärke hineingeben, kurz aufkochen und vom Herd nehmen. Mit Zitronensaft und nach Belieben mit Portwein verfeinern.

Sollte der Holunderbeersaft schon gezuckert sein, muss die Zuckermenge reduziert werden.

Zum Anrichten die Holunderbeersauce als Spiegel auf einen Teller gießen. Mit einem Esslöffel Nocken von der Mousse abstechen und darauf setzen. Mit den gehackten Pistazienkernen bestreuen.

Tipp: Herstellung des Holunderbeersaftes: 250 g Holunderbeeren, 1 Birne, 1/2 Liter Wasser, 1 – 2 Sternanis, 1 Stück Zimtstange 15 bis 20 Minuten köcheln lassen und durch ein Sieb passieren.

Desserts und Backwaren

Ricotta-Aprikosen-Flan

Zutaten

300 g Aprikosen
4 Eigelb
150 g Zucker
250 g Ricotta (Ziege oder Schaf)
1-2 EL Aprikosen-Likör
2-3 TL gehackte Pistazienkerne

Zubereitung

Die Aprikosen waschen, entsteinen und pürieren. Das Eigelb mit Zucker schaumig rühren. Ricotta und Aprikosenpüree zufügen, verrühren und nach Belieben mit Likör abschmecken.

Den Backofen auf 150 °C Umluft vorheizen. Ricotta-Aprikosenmasse in Tassen füllen, aber nur $3/4$ voll und in eine mit Wasser gefüllte Auflaufform stellen. Die Tassen sollten nur etwa zu $1/2$ bis $3/4$ im Wasserbad stehen. In den Backofen für 50 bis 60 Minuten geben. Das Wasser darf nur sieden, nicht kochen. Nach dem Herausnehmen etwas abkühlen lassen und warm oder kalt (Kühlschranktemperatur) mit Sahne servieren.

Für die kalte Version die Sahne steif schlagen und mit einer Sahnerosette garniert und Pistazien bestreut servieren.

Desserts und Backwaren

Ziegen-Joghurt-Creme mit roten Weinbergpfirsichen

Zutaten

4 Blatt weiße Gelatine
2 - 3 rote Weinbergpfirsiche,
etwa 100 g Fruchtfleisch
2 EL Weinbergpfirsichlikör
100 g Joghurt
100 g ungesalzener
Ziegenfrischkäse
50 g Puderzucker
3-4 TL Vanillezucker
150 ml Sahne
Saft $1/2$ Zitrone

Zubereitung

Die Gelatine in kaltem Wasser einweichen.
Die Weinbergpfirsiche überbrühen, häuten, entkernen und pürieren. Den Weinbergpfirsichlikör zufügen. Joghurt, Ziegenfrischkäse, Puderzucker und Vanillezucker verrühren. 50 ml Sahne erhitzen. Die Gelatine ausdrücken und in der Sahne auflösen. Die restliche Sahne steif schlagen. Fruchtpüree, Joghurt und Ziegenfrischkäse sowie die aufgelöste Gelatine zusammen verrühren. Mit Zitronensaft abschmecken. Die geschlagene Sahne vorsichtig unterheben.

Kleine Becherförmchen mit kaltem Wasser ausspülen und die Masse hinein geben. Für einige Stunden in den Kühlschrank stellen und fest werden lassen. Nach Belieben mit pochierten Weinbergpfirsichen servieren.

Tipp: Anstelle der roten Weinbergpfirsiche können auch weiße Pfirsiche genommen werden.

Desserts und Backwaren

Geeister Schokoladenkuchen

Zutaten

100 g Kekse, 100 ml Milch
2 EL Cognac
100 g gemahlene Mandeln
100 g sehr gute bittere Schokolade
120 g Butter, etwa 60 g Zucker
1 EL Vanillezucker, 3 Eigelb
180 g ungesalzener Ziegenfrischkäse
2 EL Amaretto, 100 ml Sahne

Zubereitung

Die Kekse zerbröckeln. Die Milch erhitzen und die Kekse damit übergießen. Den Cognac zufügen. Die Mandeln in einer trockenen Pfanne unter ständigem Rühren leicht rösten. Vorsicht, dass sie nicht verbrennen; dann erkalten lassen. Die Schokolade in einem Wasserbad schmelzen. Die weiche Butter mit Zucker und Vanillezucker schaumig rühren. Die Eigelbe nach und nach dazu geben. Schokolade und Ziegenfrischkäse unterrühren und mit Amaretto verfeinern. Die Sahne schlagen und unterheben.
Eine Kastenform von etwa 25 x 10 cm leicht einfetten und mit Backpapier auslegen. Die Masse hineinfüllen und in den Tiefkühlschrank für 4 bis 5 Stunden stellen. Vor dem Verzehr etwa 40 bis 50 Minuten vorher herausnehmen. Diese Version wird nicht gebacken.

Tipp: Wer möchte, kann den Schokoladenkuchen auch in einer Kastenform im vorgeheizten Backofen bei 160 °C Ober- und Unterhitze etwa 25 Minuten backen. Der Kuchen soll noch weich und die Masse pralinenartig sein.

Desserts und Backwaren

Ricotta mit Himbeersauce

Zutaten

½ Vanilleschote
375 g Ricotta, 110 g Zucker
2 TL Agar Agar
(pflanzliches Geliermittel)
200 ml Milch

Für die Himbeersauce
½ Limette
250 g Himbeeren
75 g Zucker
1 EL Himbeergeist

Zubereitung

Die Vanilleschote aufschneiden, das Mark herauskratzen, zum Ricotta geben und mit dem Zucker verrühren. Agar Agar in die Milch rühren und etwas erwärmen. Mit dem Ricotta vermischen und in eine kalt ausgespülte Form füllen.
Im Kühlschrank fest werden lassen, stürzen und mit Himbeeren garnieren. Die Himbeersauce entweder als Spiegel auf den Teller gießen oder getrennt dazu servieren.

Für die Himbeersauce den Saft der Limette auspressen. Die Himbeeren vorsichtig waschen. Einige für die Garnitur zurückbehalten. Die anderen mit dem Zucker im Mixer pürieren. Mit Limettensaft und Himbeergeist aromatisieren und durch ein Sieb passieren.

Tipp: Sollte sich die Ricottacreme nicht stürzen lassen, einfach kurz in heißes Wasser tauchen.

Die ausgeschabte Vanilleschote mit Zucker in ein verschlossenes Gefäß füllen. Der Zucker nimmt das wunderbare Aroma an.

Desserts und Backwaren

Quittenkäse, Schweiz

Zutaten

4 Blatt Gelatine
1 Stück frischer Ingwer von 2 – 3 cm
60 g brauner Rohrzucker
25 g Butter
125 ml Sahne
400 g Quittenmus
nach Belieben 3 EL Quittenlikör
200 g Ziegenfrischkäse

Zubereitung

Die Gelatine in kaltem Wasser einweichen.
Den Ingwer schälen und hacken.
Den Rohrzucker mit der Butter in einen Topf geben und unter Rühren erhitzen bis er karamellisiert. Mit der Hälfte der Sahne ablöschen und vom Herd nehmen. Etwas abkühlen lassen und mit Quittenmus, Ingwer, Quittenlikör und dem Ziegenfrischkäse vermischen. Die Gelatine ausdrücken, auflösen und zufügen.
Die restliche Sahne schlagen und unterheben.

Gut gekühlt servieren.

Desserts und Backwaren

Johannisbeer-Ricotta-Auflauf

Zutaten

300 g Johannisbeeren
60 g Butter und 15 g Butter für die Form
2 Eier, 90 g Zucker
1 EL Vanillezucker
200 g Ricotta (Schaf)
2 Msp. unbehandelte abgeriebene Zitronenschale
1 Msp. Salz, 150 ml Milch
60 g feiner Grieß

Zubereitung

Die Johannisbeeren waschen, trocken tupfen und die Beeren von den Rispen streifen. Den Backofen auf 160 °C Umluft vorheizen. Eine Auflaufform mit Butter ausstreichen. Die restliche Butter schmelzen lassen. Die Eier mit Zucker und Vanillezucker schaumig rühren. Ricotta, abgeriebene Zitronenschale und Salz zufügen, kurz weiterrühren. Die Milch angießen und den Grieß unterziehen.
Die Johannisbeeren in die Auflaufform geben und die Ricotta-Eier-Masse darüber gießen. Für etwa 40 Minuten in den Backofen stellen. Warm, lauwarm oder kalt servieren.

Nach Belieben Sahne dazu reichen.

Gefüllte Windräder mit Macadamianüssen

Zutaten

6 quadratische Scheiben tiefgefrorener Blätterteig, 80 g geröstete und gesalzene Macadamianüsse und extra 6 ganze Macadamianüsse
125 g Ziegenfrischkäse
1 Ei, 2 Msp. getrockneter Oregano
frisch gemahlener schwarzer Pfeffer
2 Msp. Paprikapulver
wenig Salz, da die Nüsse schon gesalzen sind
1 Eigelb und 1 EL Milch zum Bestreichen

Zubereitung

Die Teigblätter 5 bis 10 Minuten auftauen lassen. Die Teigquadrate von den Ecken aus diagonal einschneiden, so dass man eine Seite der Spitze umlegen kann und so das Windrad entsteht. Den Backofen auf 200 °C vorheizen.
Die Macadamianüsse pürieren oder fein mahlen. 6 Stück davon aufbewahren. Die pürierten Macadamianüsse mit Ziegenfrischkäse und Ei gut vermischen, mit Oregano, Pfeffer und Paprikapulver würzen. Nach Geschmack eventuell noch etwas Salz zufügen.
Diese Masse auf die Teigscheiben geben und wie beschrieben die Seiten der Spitze umlegen. Eigelb und Milch verrühren und die Windräder damit bestreichen. In die Mitte eine Macadamianuss drücken. Die Windräder auf ein mit kaltem Wasser abgespültes und nicht abgetrocknetes Backblech legen. Für etwa 18 Minuten im Ofen backen.

Desserts und Backwaren

Salbeifladen
Focaccia alla Salvia, Italien

Zutaten

Für den Teig
125 g Vollkornweizenmehl
125 g Weizenmehl
20 g Hefe
1/2 TL Zucker, 75 ml Milch
4 EL Olivenöl
Salz, Butter für die Form

Für den Belag
etwa 1 1/2 Zwiebeln, je nach Größe
3 Zweige Salbei,
die Blättchen sollten etwa
25 g betragen
120 g Pecorino
Butter für das Blech, Salz
frisch gemahlener
schwarzer Pfeffer
1 1/2 EL Olivenöl
nach Belieben etwas Trüffelöl

Zubereitung

Beide Mehlarten in eine Schüssel geben. In die Mitte eine Vertiefung drücken. Die Hefe hineinbröckeln. Den Zucker auf die Hefe streuen. Milch und 4 Esslöffel Wasser leicht erwärmen und mit der Hefe zu einem Brei verrühren. Abgedeckt an einem warmen Ort 20 Minuten stehen lassen bis die Hefe aufgegangen ist. Das Öl dazu geben, etwas salzen und den Teig gut durchkneten. Abgedeckt eine Stunde stehen lassen. Für den Belag die Zwiebeln abziehen und in schmale Ringe schneiden. Den Salbei waschen, die Blättchen von den Stielen zupfen und hacken. Den Pecorino auf der Reibe grob raffeln.
Den Backofen auf 170 °C Umluft vorheizen. Ein Blech von 25 x 30 cm Größe mit Butter ausstreichen. Den Teig ausrollen und hineingeben. Nochmals 15 Minuten gehen lassen. Mit den Zwiebelringen und mit Salbei belegen, salzen und pfeffern. Mit dem Olivenöl beträufeln und mit Käse bestreuen. Für etwa 20 Minuten im Ofen backen.
Frisch schmeckt dieser Fladen am besten.

Tipp: Nach dem Backen beträufeln Feinschmecker den Salbeifladen mit Trüffelöl.

Bezugsquellen

Milch- und Käseladen Pfund
Bautzner Straße 79
01099 Dresden
Telefon: 0351/810 59 48
www.pfunds.de

Leipziger Käsehaus
Breitfelder Str. 39
04155 Leipzig
Telefon: 0341 / 5850050
e-mail: kaesehaus@kaese-lehmann.com

Ziegenhof Schleckweda
Elsterstr. 4
07722 Wetterzeube
Telefon: 036693 / 22747
e-mail: igorsch@web.de

Käse-Stender
Mecklenburger Allee 14
18109 Rostock
Telefon: 0381 / 7683596
Wochenmärkte: Reutershagen
Di + Do 8 bis 17 Uhr / Stralsund: Fr 8-17 Uhr / Warnemünde Sa 7 bis 12.45 Uhr

Käsekeller Altona
Max-Brauer-Allee 192
22765 Hamburg
Telefon: 040/436542

Ziegenhof Didi
Hauptstr. 66
23738 Harmsdorf
Telefon: 04363 / 2572

Käse Thiele
Heidekoppel 8
24558 Henstedt-Ulzburg
Telefon: 04106 / 74855
e-mail: kaesethiele@yahoo.de
Wochenmärkten in Hamburg:
Isestraße: Di + Fr 8.00-14.00
Flottbek: Mi + Sa 7.00-13.00

Rohmilchkäserei Backensholz
Hof Backensholz
25885 Oster-Ohrstedt
Telefon: 04626 / 344
e-mail: backensholz@t-online.de
www.backensholz.de

Das friesische Käselädchen
Siidik 6
25980 Keitum/Sylt
Telefon: 04651 / 967441
e-mail: info@kaeselaedchen-sylt.de
www.kaeselaedchen-sylt.de
Regionale Spezialitäten.
Tipp: Frischer Ziegenkäse,
auch von den Sylter Sterneküchen
geschätzt. Auch Versand.

Käse-Schaub
Hildesheimer Strasse 31
30169 Hannover
Telefon 0511 / 855 904

Käse Boucoiran
Kurze Str. 3
37073 Göttingen
Telefon: 0551 / 5075515
e-mail: email@kaese-boucoiran.de
www.kaese-boucoiran.de
Heinrich Sondermann
Michaelisweg 10
46286 Dorsten-Lembeck
Telefon: 02369 / 77138
Fax: 02369 / 77445

Käse-Import Müller-Moers
GmbH & Co. KG
Genender Weg 6
47445 Moers
Telefon: 02841 / 97 00
e-mail:
mueller-moers-kaese@t-online.de

Butterhandlung Holstein
Am Kiepenkerl
48143 Münster
Telefon: 0251 / 44944
e-mail:
info@butterhandlung-holstein.de
www.butterhandlung-holstein.de

Käsehaus Wingenfeld
Ehrenstr. 90
50672 Köln
Telefon: 0221 / 253341
e-mail: kaesehaus-wingenfeld.de
www.kaesehaus-wingenfeld.de

Käse Halbach
Severinstr. 60
50678 Köln
Telefon: 0221 / 325571
e-mail: khalbach@freenet.de

Käsespezialitäten Jansen
Münsterstr. 257
52076 Aachen
Telefon: 0241 / 522514
e-mail: buero@kaesejansen.de
www.kaesejansen.de
Marktstände u.a. Aachen-Innenstadt Di + Do 8 bis 13 Uhr,
Aachen-Brand, Euskirchen,
Eschweiler: Sa. 8 bis 13 Uhr

Braun GmbH
Südländische Spezialitäten
Friedrichstrasse 50
53111 Bonn
Telefon: 0228 / 9691440
e-mail: kbraun.gmbh@t-online.de
www.suedlaendische-spezialitaeten.de
Außergewöhnlich großes Rohmilchkäsesortiment, insbesondere Schaf-
und Ziegenkäse auch aus der Eifel

Einkaufsführer

Vulkanhof
Vulkanstr. 29
54558 Gillenfeld
Telefon: 06573 / 9148
e-mail: info@vulkanhof.de
www.vulkanhof.de

Ferienhof Taunusblick
Familie Linscheid
56379 Homberg
Telefon: 02604 / 5516
e-mail:
ferienhof-taunusblick@t-online.de
www.ferienhof-taunusblick.de

Bioland Hofkäserei
In der Locherhofer Straße 9b
57572 Harbach-Locherhof
Telefon: 02734 / 5360
E-Mail: gesa.fm@t-online.de

Käse-Thomas
Kleinmarkthalle / Hasengasse 5-7
60311 Frankfurt
Telefon: 069 / 291500

Käse Glocke
Sonja Anders
Louisen Arkaden
61348 Bad Homburg
Telefon: 06172 / 690779
Fax: 06172 / 680855

Routhier-Weber GmbH
Finkenweg 2
63674 Altenstadt
Telefon: 06047 / 98 11 - 0
e-mail: marketing@routhier.de
www.routhier.de
Original griechischer Feta
»GRECO« natur, gewürfelt in Öl,
mit Paprika + Oliven oder
paniert + vorgebacken.

Käse Mattner
Gilgenstr. 10

67346 Speyer
Telefon: 06232 / 25227

Erdesbacher Ziegenkäse
Roland + Ulrike Stichlmeier
Eckweg 2
66887 Erdesbach
Telefon/Fax: 06381/40418
Bioland-Hofkäserei: Ziegen-
Frischkäse, -Räucherkäse, Feta,
Camembert, Schnittkäse etc.
Märkte: Mainz (Fr.) + Kaisers-
lautern (Sa.) + Gastronomie-
belieferung

Hohenloher Schafkäserei
Berit & Norbert Fischer
Blaufelderstr. 49
74595 Langenburg
Telefon: 07905 / 475
e-mail: NFschafskaese@aol.com
www.schafskaese.com

Schreier Délices de France
Schwarzwaldstr. 26
78224 Singen
Telefon: 07731 / 67266
e-mail: kaesereich-frankreich.de
www.kaesereich-frankreich.de

Le Châlet du Fromage
Elisabethmarkt Stand 11
80396 München-Schwabing
Telefon: 0 89 / 2712243
www.fromage.de

Käserei Lerchenmüller
Anton-Woger-Str. 10
83512 Wasserburg
Telefon: 08071 / 10433

Käse-Kolper
Fuggerstr. 12a
86150 Augsburg
Telefon: 0821 / 512587

Käse + Feinkost Langer
Allersbergerstr. 185
90461 Nürnberg
Telefon: 0911 / 465232
e-mail: kaesetoni@aol.com

Ziegenhof im Steigerwald
Sabine + Theo Mandel
Herpersdorf 20
91483 Oberscheinfeld
Telefon 09162 / 7619
e-mail: capra@ziegenhof.de
www.ziegenhof.de

Ziegenhof Würnsreuth
Würnsreuth 10
95517 Seybothenreuth
Telefon: 09209 / 823
e-mail: info@ziegenhof-
wuernsreuth.de
www.ziegenhof-wuernsreuth.de

Schweiz

Spezialitätenkäserei boncas
Lyss-Strasse 12
3293 Dotzing
e-mail: info@boncas.com
www.boncas.com

Käserei Landbrügg
Landbrügg 2
6170 Schöpfheim
Telefon: 0041/(0)41 / 484 26 64

Käserei Stofel AG
Familie Stadelmann
9657 Unterwasser
Telefon 0041 / (0)71 / 999 11 40
E-Mail: info@bergmilch.ch

Bezugsquellen/Rezeptregister

www.bergmilch.ch
ÖSTERREICH

Die Käsemacher
Käseproduktions- und
Vertriebsges. m.b.H.
Raiffeisenstr.23
3830 Waidhofen/Thaya
Telefon: 0043/(0)2842/51215-0

Schaf- und Ziegenmolkerei
Leeb-Gössweiner
Nr 158
4553 Schlierbach
Telefon: 0043 / (0)7582 / 81029

REZEPTREGISTER
ALPHABETISCH

Brennnessel-Käse-Salat 34

Couscous-salat 42

Dip aus Kichererbsen 60

Enchiladas Mexiko 82

Farfalle mit Roquefortsauce 78
Feldsalat mit Schafkäse
 und Trauben 34
Fruchtsalat mit Manourisauce 40

Geeister Schokoladenkuchen 114
Gefüllte Avocados 32
Gefüllte Blätterteigpastetchen 49
Gefüllte Windräder mit Maca-
 damianüssen 120
Gefüllter Seesaibling in Wein 94
Gemüsegratin mit Fusilli 78
Gemüse-Lasagne mit Ziegen-
 und Schafkäse 68
Gemüse-Risotto 84
Gratinierter Kohlrabi 66
Gratinierter Ziegenkäse auf
 Brunnenkresse und Tomaten 44

Hackfleischfrikadelle mit Feta 102

Italienische Fetzensuppe 58

Johannisbeer-Ricotta-Auflauf 120

Kalte Gurkencremsuppe 54
Kartoffel-Apfel-Gratin
 mit Steinpilzen 96
Kartoffeln mit Käse von
 La Palma 62
Kartoffelsalat auf
 mediterrane Art 36
Käse-Crêpes mit grünem Spargel
 und Orangensauce 46
Käse-Dip von La Gomera 60

Knoblauch-Käsecreme auf
 geröstetem Brot 39
Kritharaki mit Fleisch, Gemüse
 und Käse 98
Kürbis und Pilze unter der
 Haselnusskruste 86
Kürbissuppe 56

Lammsteaks mit Ziegenkäse
 und Salsa verde 100

Melone und Erdbeeren mit
 Ziegenkäse und Minzecreme 30

Papaya-Käse-Salat 36
Penne rigate mit Gemüse
 und Pecorino pepato 72
Pfifferlinge in Ziegenfrisch-
 käse-Sauce mit Spaghetti 76
Pikante Walnuss-Käsetorte 88
Polenta mit Chèvre 64

Quittenkäse 118

Ratatouille-Auflauf 62
Reibeplätzchen mit
 Apfel-Chutney 92
Ricotta mit Himbeersauce 116
Ricotta-Aprikosen-Flan 110
Ricotta-Torte 48
Rigatoni in Salbei-Käse-Butter 74
Roquefort-Toast mit Birne 83
Rührei mit Chorizo 83

Safran-Apfelsuppe mit Pecorino
 pepato 54
Salat von rotem und weißem
 Chicoree mit Frischkäse 38
Salbeifladen 122
Sauerampfersuppe mit Garnelen 58
Schaf- und Ziegenkäse
 in Filoteig 50
Schwarze Nudeln und Lachskaviar
 in Ziegenfrischkäse-Sauce 70
Spaghettini mit Pesto und Pecorino
 72

Rezeptregister nach Gruppen

Türkische Pizza 80

Vollkorn-Tomatenquiche 90

Ziegenfrischkäse-Mousse mit Holunderbeersauce 108
Ziegen-Joghurt-Creme mit rotem Weinbergpfirsichen 112
Ziegenkäse-Honigeis mit Feigen in rosa Grapafruitsauce 106
Ziegenkäse-Parfait mit Walnusskrokant und Quittensauce 104
Ziegenkäseterrine mit Basilikum und provençalischen Senf 28
Zucchini-Kuchen 52

Rezepte nach Gruppen

Salate und Vorspeisen

Brennnessel-Käse-Salat 34
Couscous-Salat 42
Feldsalat mit Schafkäse und Trauben 34
Fruchtsalat mit Manourisauce 40
Gefüllte Avocados 32
Gefüllte Blätterteigpastetchen 49
Gratinierter Ziegenkäse auf Brunnenkresse und Tomaten 44
Kartoffelsalat auf mediterrane Art 36
Käse-Crêpes mit grünem Spargel und Orangensauce 46
Knoblauch-Käsecreme auf geröstetem Brot 39
Melone und Erdbeeren mit Ziegenkäse und Minzecreme 30
Papaya-Käse-Salat 36
Ricotta-Torte 48
Salat von rotem und weißem Chicoree mit Frischkäse 38
Schaf- und Ziegenkäse in Filoteig 50
Ziegenkäseterrine mit Basilikum und provençalischen Senf 28
Zucchini-Kuchen 52

Suppen

Italienische Fetzensuppe 58
Kalte Gurkencremsuppe 54
Kürbissuppe 56
Safran-Apfelsuppe mit Pecorino pepato 54
Sauerampfersuppe mit Garnelen 58

Dips und Beilagen

Dip aus Kichererbsen 60
Gratinierter Kohlrabi 66
Kartoffeln mit Käse von La Palma 62
Käse-Dip von La Gomera 60
Polenta mit Chèvre 64
Ratatouille-Auflauf 62

Teigwaren, Pizzen und kleine Gerichte

Enchiladas Mexiko 82
Farfalle mit Roquefortsauce 78
Gemüsegratin mit Fusilli 78
Gemüse-Lasagne mit Ziegen- und Schafkäse 68
Gemüse-Risotto 84
Kürbis und Pilze unter der Haselnusskruste 86
Penne rigate mit Gemüse und Pecorino pepato 72
Pfifferlinge in Ziegenfrischkäse--Sauce mit Spaghetti 76
Pikante Walnuss-Käsetorte 88
Reibeplätzchen mit Apfel-Chutney 92
Rigatoni in Salbei-Käse-Butter 74
Roquefort-Toast mit Birne 83
Rührei mit Chorizo 83
Schwarze Nudeln und Lachskaviar in Ziegenfrischkäse-Sauce 70
Spaghettini mit Pesto und Pecorino 72
Türkische Pizza 80
Vollkorn-Tomatenquiche 90

Hauptgerichte

Gefüllter Seesaibling in Wein 94
Hackfleischfrikadelle mit Feta 102
Kartoffel-Apfel-Gratin mit Steinpilzen 96
Kritharaki mit Fleisch, Gemüse und Käse 98
Lammsteaks mit Ziegenkäse und Salsa verde 100

Desserts und Backwaren

Geeister Schokoladenkuchen 114
Gefüllte Windräder mit Macadamianüssen 120
Johannisbeer-Ricotta-Auflauf 120
Quittenkäse 118
Ricotta mit Himbeersauce 116
Ricotta-Aprikosen-Flan 110
Salbeifladen 122
Ziegenfrischkäse-Mousse mit Holunderbeersauce 108
Ziegen-Joghurt-Creme mit roten Weinbergpfirsichen 112
Ziegenkäse-Honigeis mit Feigen in rosa Grapafruitsauce 106
Ziegenkäse-Parfait mit Walnusskrokant und Quittensauce 104